本书由湘南学院及2019年湖南省自然科学基金项目（项目编号：2019JJ40276，项目名称：湖南省罗霄山片区贫困户脱贫后可持续生计研究）资助出版

新时代乡村振兴路径研究书系

乡村振兴背景下罗霄山郴州片区县域城镇化发展路径研究

XIANGCUN ZHENXING BEIJING XIA LUOXIAOSHAN CHENZHOU PIANQU
XIANYU CHENGZHENHUA FAZHAN LUJING YANJIU

曹文献／著

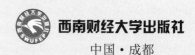

西南财经大学出版社

中国·成都

图书在版编目(CIP)数据

乡村振兴背景下罗霄山郴州片区县域城镇化发展路径
研究/曹文献著.—成都:西南财经大学出版社,2022.11
ISBN 978-7-5504-5619-8

Ⅰ.①乡… Ⅱ.①曹… Ⅲ.①县—城市化—研究—郴州
Ⅳ.①F299.276.43

中国版本图书馆 CIP 数据核字(2022)第 214988 号

乡村振兴背景下罗霄山郴州片区县域城镇化发展路径研究
曹文献 著

责任编辑:廖术涵
责任校对:周晓琬
封面设计:墨创文化
责任印制:朱曼丽

出版发行	西南财经大学出版社(四川省成都市光华村街55号)
网　址	http://cbs.swufe.edu.cn
电子邮件	bookcj@swufe.edu.cn
邮政编码	610074
电　话	028-87353785
照　排	四川胜翔数码印务设计有限公司
印　刷	成都市火炬印务有限公司
成品尺寸	170mm×240mm
印　张	12.25
字　数	209 千字
版　次	2022 年 11 月第 1 版
印　次	2022 年 11 月第 1 次印刷
书　号	ISBN 978-7-5504-5619-8
定　价	88.00 元

前言

　　随着新时代脱贫攻坚目标任务如期完成，我国已经进入全面推进乡村振兴的新征程。推进县域城镇化建设是实现乡村振兴的重要载体和重要平台。本书在县域城镇化、农村城镇化本质内涵基础上，运用增长极理论、可持续生计理论、产业结构转换与城镇化发展理论和制度变迁理论，综合利用文献研究、实地调研、案例分析等方法，基于罗霄山郴州片区县域农村的发展实际以及国家的相关政策文件，系统地对罗霄山郴州片区县域城镇化发展现状及存在的问题、新型城镇化发展的基础条件、影响因素及发展趋势进行了探讨，设计了乡村振兴与新型城镇化协同推进的模式路径。本书为连片脱贫地区县域城镇化推进和脱贫农户生计可持续性发展，进而推动区域经济平衡发展、缩小区域经济发展差距相关实践提供了范例以及有价值的参考。

　　本书主要做了以下工作：

　　第一部分，介绍乡村振兴背景下县域城镇化研究的背景、研究的意义，明确了研究内容、研究方法、研究思路。通过对乡村振兴战略、新型城镇化、农村城镇化、县域城镇化等概念的梳理，明确了乡村振兴与县域新型城镇化的内涵及其特征。同时，在梳理及回顾国内外关于城镇化研究成果的基础上，提出了本书对乡村振兴背景下罗霄山郴州片区县域城镇化进行研究的内容布局，研究应重点在以下几个方面加强：新型城镇化模式创新上的地域特色问题；对新型城镇化的研究领域要更加具体，要抓住新型城镇化发展的根本要义，减少在研究上的空泛性；加强脱贫地区县域城镇化相关的实证研究。本部分对本书研究内容涉及的基础理论进行了阐述，包括增长极理论、可持续生计理论、工业化与产业结构转换理论和制度变迁理论等。

第二部分，综合县域城镇化发展现状及对罗霄山郴州片区县域新型城镇化推进的基础条件进行研究后发现：首先，罗霄山郴州片区具有显著的自然生态优势，城镇空间组织具有离散性，并且拥有独特的历史文化。其次，在新型城镇化的进程中，城镇人口数量和城镇化率总体提升，但城镇化率增长速度缓慢，与市域内其他县（市）相比，总体上城镇化水平较低；新型城镇村发展布局已然形成，但县域城镇依然存在规模过小、城镇集聚效应不足的问题；配套保障措施陆续推出，农地制度、户籍制度、就业制度、社会保障制度、城乡教育制度、资金筹措制度以及生态保护依然有很大的拓展空间。最后，罗霄山郴州片区县域新型城镇化建设还存在以下一些问题：城镇化率与工业化率不平衡；城镇村产业支撑逐步完善，但产业支撑层次较低；公共配套服务设施建设滞后；生态保护任务繁重；农村转移人口进城落户意愿下降。

第三部分，从县域发展类型、城镇化水平的影响因素以及县域城镇化发展水平的"十四五"阶段预测几个方面进行了实证研究。①县域发展类型的分析结果：2010年以来，宜章县域发展类型都为第一、第二、第三产业均衡发展型县域城镇化；2010年以来，汝城县域发展类型都为农业主导型县域城镇化；2010年以来，桂东县域发展类型都为商旅服务主导型县域城镇化；2010年以来，安仁县域发展类型都为农业主导型县域城镇化。②在选定的罗霄山郴州片区四县城镇化率变动影响的七个因素中，城镇居民人均纯收入的作用表现显著，这表明城镇居民人均纯收入的持续稳定提高，对繁荣城镇消费市场，带动城镇服务业发展、促进要素汇聚，从而推动新型城镇化的发展有着重要的作用。通过比较第一、第二、第三产业占比对新型城镇化的影响，第三产业占据重要地位，在四县三次产业近年来不断优化的态势下，各县第一、第二产业占比对城镇化的影响各有不同；其中，宜章、汝城和桂东三县的第二产业明显落后，而安仁县近年来第二产业占比的影响作用不断显现。四县人均地区生产总值对城镇化的影响总体上处于各因子的中位水平，但各年度的关联系数普遍不高，因此，四县的经济发展水平和质量应在现有良好发展的基础上继续提升。而固定资产投资对城镇化率的影响基本排在末尾，这说明，当前四县城镇化发展进程中，城市基础设施建设还应当进一步发展提高。③对郴州市以及四县县域城镇化发展水平的"十四五"阶段预测发现：四县城镇化率继续保持上升势头，但与市域水平相比，仍然处于落后态势。从郴州市及片区四县至2025年的具体测算数据来看：郴州市为68.46%，宜章县为60.19%，汝城县为62.67%，桂东县为55.82%，安仁县为56.92%。可以看出，郴州市在保持目前的追赶湖南省域第一方阵的良好态势下，桂东和汝城两县的城镇化率相比宜章和安仁两县，有增速超越的趋势。四县城镇化率与郴州市域水平的差距也说明其进一步提升的空间也相对较大。四县如何发挥各自的比较优势，最大限度激发城镇化发展潜能，尽快填补县域城镇化发展的上升空间，将是一个需要认真思考布局的问题。

第四部分，对国内外小城镇建设的典型模式进行经验归纳，并结合前述分析，提出：乡村振兴背景下罗霄山郴州片区四县农村不能走单一的新型城镇化道路，而应因地制宜，通过提升现代农业、新型工业、现代服务业发展质量和层次，共同建设好城镇镇区、工业园区、特色农业区，实现人口及产业在城镇空间的集聚；要围绕人的需求，强化产业支撑、生态环境保护、完善公共配套服务的建设以及制度保障，切实推进"宜居""宜业"的城镇建设，实现县域经济大发展，走一条"特色农业+新型工业+商旅服务业+人口转移"的多样化新型城镇化道路。

最后，本书具体提出从以下几个方面推进罗霄山郴州片区县域城镇化发展的路径：以三区共建带动城乡融合发展，以三业并进强化城镇产业支撑，以制度创新打造县域城镇化保障机制，做好巩固脱贫攻坚成果与乡村振兴有效衔接，最终为实现该地区脱贫攻坚成果巩固、县域经济发展，城乡居民生计可持续发展提供强有力的支撑。

曹文献

2022 年 6 月于郴州

Preface

With the timely completion of the poverty alleviation goals and tasks in the new era, China has entered a new journey of comprehensively promoting rural revitalization. Promoting county urbanization is an important carrier and platform for Rural Revitalization. Based on the essential connotation of county urbanization and rural urbanization, this book uses the growth pole theory, sustainable livelihood theory, industrial structure transformation and urbanization development theory and institutional change theory, comprehensively uses the methods of browsing relevant websites, querying relevant materials, field research, case analysis, etc., and is based on the actual development of county rural areas in Chenzhou area of Luoxiao mountain and relevant national policy documents. This paper systematically discusses the development status and existing problems of county urbanization in Luoxiao mountain Chenzhou area, the basic conditions, influencing factors and development trend of new urbanization, and designs the mode path of coordinated promotion of Rural Revitalization and new urbanization. It provides examples and valuable references for the promotion of county urbanization and the sustainable development of the livelihood of poverty-stricken farmers in contiguous poverty-stricken areas, so as to promote the balanced development of regional economy and narrow the gap of regional economic development.

This book mainly does the following work:

The first part, firstly, introduces the background and significance of county urbanization research under the background of rural revitalization, and defines the research ideas, research methods and research contents. By combing the concepts of Rural Revitalization Strategy, new urbanization, rural urbanization and county urbanization, the connotation and characteristics of Rural Revitalization and county new urbanization are clarified. At the same time, on the basis of combing and reviewing the research results on urbanization at home and abroad, this book puts forward the content layout of the research on County Urbanization in Luoxiao mountain Chenzhou area under the background of rural revitalization, and the research should focus on the following aspects: regional characteristics in the innovation of new urbanization mode; the research field of new urbanization should be more specific; how to grasp the fundamental meaning of the development of new urbanization and reduce the emptiness of research; strengthen empirical research on County Urbanization in poverty-stricken areas. It expounds the basic theories involved in the research content of this book, including growth pole theory, sustainable livelihood theory, industrialization and industrial structure transformation theory, institutional change theory, etc.

In the second part, based on the development status of county urbanization and the basic conditions for the promotion of new county urbanization in Luoxiao mountain Chenzhou area, it is found that: firstly, Luoxiao mountain Chenzhou area has significant natural ecological advantages, the urban spatial organization is discrete, and has a unique historical and cultural heritage. Secondly, in the process of new-type urbanization, the number of urban population and urbanization rate have increased on the whole, but the growth rate of urbanization rate is slow. Compared with other counties and cities, the overall level of urbanization is low; the development layout of new towns and villages has been formed, but the county towns still have the problems of too small scale and insufficient urban agglomeration effect; supporting security measures have been introduced one after another, and there is still much room for expansion in the agricultural land system, registered residence system, employment system, social security system, urban and rural education system, fund-raising and ecological protection. Thirdly, there are still some problems in the construction of new urbanization in Luoxiao mountain Chenzhou area: the urbanization rate and industrialization rate are unbalanced; the industrial support of towns and villages is gradually improved, but the level of industrial support is low; the construction of public supporting service facilities lags behind; the task of ecological protection is arduous; the willingness of rural migrants to settle in cities has declined.

The third part makes an empirical study from the aspects of the county development type, the influencing factors of the urbanization level and the prediction of the "fourteenth five year plan" stage of the county urbanization development level. a) Analysis results of county development type: since 2010, the county development type of Yizhang has been county urbanization with balanced development of primary, secondary and tertiary industries; since 2010, the development type of Rucheng County has been agricultural leading county urbanization; since 2010, the development type of Guidong county has been county urbanization dominated by business travel services; Since 2010, the development type of Anren County has been agricultural oriented county urbanization. b) Among the seven factors affecting the urbanization rate of the four counties in the selected Luoxiao mountain Chenzhou area, the role of the per capita net income of urban residents is significant, which indicates that the continuous and stable increase of the per capita net income of urban residents plays an important role in prospering the urban consumer market, driving the development of urban service industry, promoting the convergence of factors, and promoting the development of new urbanization. Compared with the impact of the ratio of primary, secondary and tertiary industries on new urbanization, the ratio of tertiary industries occupies an important position. Under the situation of continuous optimization of the tertiary industries in the four counties in recent years, the impact of the ratio of primary and secondary industries on Urbanization in each county is different. Among them, the secondary industry in Yizhang, Rucheng and Guidong counties is obviously backward, while the impact of the proportion of the secondary industry in Anren County has been emerging in recent years. The impact of regional gross product of the four counties on urbanization is generally at the median level of each factor, but the correlation coefficient of each year is generally not high. Therefore, the economic development level and quality of the four counties should continue to strive for progress on the basis of the existing good development. The impact of fixed asset investment on the urbanization rate is basically at the end of the list, which shows that the urban infrastructure construction should be further developed and improved in the current urbanization development process of the four counties. c) According to the prediction of the urbanization development level of Chenzhou City and the four counties in the 14th Five-Year Plan period, it is found that the urbanization rate of the four counties continues to rise, but still lags behind the city level. From the specific calculation data of Chenzhou City and the four counties in the area to 2025, it is 68.46% in Chenzhou City, 60.19% in Yizhang County, 62.67% in Rucheng County, 55.82% in Guidong County and 56.92% in Anren County. It can be seen that under the current good situation of Chenzhou City catching up with the first square of Hunan Province, the urbanization rate of Guidong and Rucheng counties tends to exceed that of Yizhang and Anren counties. The gap between the urbanization rate of the four counties and the level of Chenzhou City also shows that there is relatively large room for further improvement. How the four counties give full play to their respective comparative advantages, maximize the potential of urbanization development, and fill the rising space of county urbanization development as soon as possible, will be a problem that needs to be seriously considered.

The fourth part summarizes the experience of typical models of small town construction at home and abroad, and puts forward that under the background of rural revitalization, the four counties in Luoxiao mountain Chenzhou area can not take a single new urbanization road, but should adapt measures to local conditions, and jointly build towns, industrial parks and characteristic agricultural areas by improving the development quality and level of modern agriculture, new industry and modern service industry, realize the agglomeration of population and industry in urban space; we should focus on people's needs, strengthen industrial support, protect the ecological environment, improve the construction of public supporting services and institutional guarantee, effectively promote the construction of cities and towns that are "livable" and "suitable for industry", realize the great development of county economy, and take a diversified new urbanization road of "characteristic agriculture + new industry + business and tourism services + population transfer". Finally, the paper puts forward the specific ways to promote the development of county urbanization in Luoxiao mountain Chenzhou area from the following aspects: to promote the integrated development of urban and rural areas through the joint construction of the three districts, to strengthen the support of urban industries through the combination of the three industries, to build the county urbanization guarantee mechanism through institutional innovation, and to do a good job in consolidating the achievements of poverty alleviation and effectively connecting rural revitalization. Finally, it will provide strong support for the consolidation of poverty alleviation achievements in the region, the development of county economy, and the sustainability of the livelihood of urban and rural residents.

目录

第一章　导论

第一节　研究背景和意义

一、研究背景

自党的十九大提出实施乡村振兴战略以来，乡村振兴与新型城镇化的关系日益受到社会各界的广泛关注。新型城镇化的推进要继续坚持以人民为中心，乡村振兴的实施要注重产业培育，无论是建设城镇还是发展乡村，都要以城乡融合为目标，形成你中有我、我中有你，相互补充，相互促进的关系。合理规划，全盘布局，破解我国城乡发展不平衡、农村发展不充分的问题，实现乡村振兴与新型城镇化双轮驱动的良好局面（王金华等，2021）。本书的研究基于以下背景。

（一）乡村振兴战略的实施是城乡融合发展的重要举措

从我国经济社会发展的阶段看，中国特色社会主义进入新时代，我国社会主要矛盾已经转化为人民日益增长的美好生活需要和不平衡不充分的发展之间的矛盾。2021年7月1日，习近平总书记在天安门城楼上向全世界庄严宣告：经过全党全国各族人民持续奋斗，我们实现了第一个百年奋斗目标，在中华大地上全面建成了小康社会，历史性地解决了绝对贫困问题，正在意气风发向着全面建成社会主义现代化强国的第二个百年奋斗目标迈进。现阶段，我国社会生产力水平总体上显著提高，社会生产能力在很多方面已经进入世界前列，更加突出的问题是发展不平衡不充分；这已经成为满足人民日益增长的美好生活需要的主要制约因素。而我国社会主要矛盾在农村的表现就是"农业发展质量效益竞争力不高，农民增收后劲不足，农村自我发展能力弱，城乡差距依然较大"（王立胜 等，2018）。新中国成立后的相当长一段时间，我国曾把农业作为重要的资金积累渠道，通过工农业产品的不等价交换等手段，将大部分农业剩余吸纳到城市和工业部门之中，新兴的工业部门却由于原有基础太薄弱，而不能迅速地反过来扶助和支持农业部门的发展（张培刚，1999）。乡村振兴是以乡村地区为主要对象的重大行动，通过着力化解、破除城乡二元结构，为最终实现城乡融合均衡发展提供前进动力。

从我国农村发展的现实要求来看，即使未来城镇化率达到80%甚至更高水平，仍会有几亿人生活在乡村。因此，培育好乡村地区的发展活力，可以为构建国内"城镇—乡村"大循环通道，统筹发展与安全，在"城镇—乡村"资源环境承载力合理阈值内，促进城乡社会经济高质量发展，建设我国现代化经济体系奠定坚实的基础。2017年10月，党的十九大报告提出乡村振兴战略。2018年9月国务院印发了《国家乡村振兴战略规划（2018—2022年）》，制定了乡村振兴发展的四个阶段目标，最终全面实现乡村振兴，达到农村美、农业强、农民富。2019年14日，中央农办等五部门联合发出《关于统筹推进村庄规划工作的意见》，其中提出，要求各地加强对村庄规划的工作，科学有序引导村庄规划建设，促进乡村振兴。实施乡村振兴战略，是新时代"三农"工作的总抓手。通过全面推进乡村振兴，完善乡村产业发展，改善乡村人居环境，提高乡村治理水平，加快农业农村现代化；乡村振兴把乡村一端放在了与新型城镇化同样重要的位置上，城乡融合发展凭借的"乡村振兴和新型城镇化"这两大抓手处于两端，把握好二者的关系才能放开手脚地去完成城乡融合，最终实现城乡共同富裕的目标。

（二）县域城镇化是新型城镇化发展的基础

2001年诺贝尔经济学奖获得者斯蒂格利茨指出，影响21世纪世界进程的两件大事分别为：美国的高科技和中国的城镇化。改革开放以后，我国城镇化进入快速发展的轨道，城镇化的发展成为促进我国经济飞速增长、社会快速变革、民生加快改善的重要内驱力和新的引擎。1978—2021年，我国城镇常住人口从1.7亿人增加到9.1亿人，全国常住人口城镇化率从17.9%增长到64.72%。图1.1的数据显示，2017—2021年，中国常住人口城镇化率由60.24%上升到64.72%，年均提高1.12个百分点。建制镇数量从1978年的2 173个增加到21 157个，城市基础设施有显著增加。但是，在我国城镇化建设取得巨大成就的同时，我们也发现，由于我国城镇化建设速度快、时间短，还存在大量的突出矛盾和问题：一是，大量农业转移人口难以融入城市社会，2021年我国常住人口城镇化率为64.72%，户籍人口城镇化率为46.7%，也就是说在城市里有很多人是没有城镇户籍的。这一数据反映出城镇转移人口在教育、就业、医疗、养老、保障性住房等方面未能均等地享受城镇基本公共服务，城镇化滞后于工业化。这就容易导致城镇内部新的二元矛盾的产生，危害社会经济发展。二是，"土地城镇化"速度快于人口城镇化，导致建设用地粗放低效。三是，城镇空间分布和规模缺乏统筹规划，结构不合理，与环境承载力不一致。四是，对自然历史文化遗产重视不足，保护不够，城乡建设千篇一律。体制机制不健全，阻碍了城镇化的健康发展。

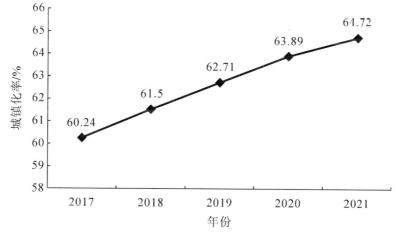

图 1.1　2017—2021 年中国常住人口城镇化率变动情况

数据来源：《中国统计年鉴》（2021）

相关研究表明，当前，我国已经进入城镇化快速推进的中后期，正处于深入推进新型城镇化、顶层谋划新时期新型城镇化发展战略与方针的关键时期。《中华人民共和国国民经济和社会发展第十四个五年规划和2035年远景目标纲要》提出，"以城市群、都市圈为依托促进大中小城市和小城镇协调联动、特色化发展"，"因地制宜发展小城镇，促进特色小镇规范健康发展"。科学认识小城镇发展演化的阶段特征，正确理解小城镇在以人为核心的新型城镇化战略中的角色和地位，对"十四五"乃至更长时期促进小城镇高质量发展，具有十分重要的现实意义。

2022 年 5 月 6 日，中共中央办公厅、国务院办公厅印发了《关于推进以县城为重要载体的城镇化建设的意见》，指出"县城是我国城镇体系的重要组成部分，是城乡融合发展的关键支撑，对促进新型城镇化建设、构建新型工农城乡关系具有重要意义"。推进县城建设，有利于引导农业转移人口就近城镇化，完善大中小城市和小城镇协调发展的城镇化空间布局。

相对于大中城市而言，县域是我国经济社会发展的重要基础。"郡县治，天下安"，县域强则国家富。"县域"是以城带乡、城乡融合发展的基础平台；相对于广大乡村而言，"县域"则是城乡一体化的龙头，是实现新型城镇化的重要载体（冯奎，2015）。县域经济作为国民经济的基本单元和地域分工基础，其发展的程度直接影响到整个国家社会经济发展，而县域城镇化是当前我国县域经济发展的重要途径。将县城、县域中心镇作为新型城镇化的中心点，发挥县城在城与乡之间的产业、要素、资源配置等方面的纽带作用；统筹县域城镇产业结构、基础设施及其公共服务等规划建设；围绕产业功能分类将农村人口聚集在县城或中心镇，促使县城、中心镇产业、服务等功能不断延伸（张荣天，2018）。党的十八大以来，习近平总书记高度重视县域经济发展，据中华人民共和国国家发展和改革委员会对于"县城是新发展阶段城镇化建设的重要载体"的政策解读显示，2020 年 12 月，习近平总书记强调，要把县域作为城乡融合发展的重要切入点，推进空间布局、产业发展、基础设施等县域统筹，把城乡关系摆布好处理好，一体设计、一并推进。

（三）罗霄山郴州片区县域城镇化尚需探索符合自身特色的道路

罗霄山郴州片区县域城镇化面临难得的发展机遇。《国家乡村振兴战略规划（2018—2022 年）》提出：以城市群为主体构建大中小城市和小城镇协调发展的城镇格局，增强城镇地区对乡村的带动能力。加快发展中小城市，完善县城综合服务功能，推动农业转移人口就地就近城镇化。因地制宜发展特色鲜明、产城融合、充满魅力的特色小镇和小城镇，加强以乡镇政府驻地为中心的农民生活圈建设，以镇带村、以村促镇，推动镇村联动发展。建设生态宜居的美丽乡村，发挥多重功能，提供优质产品，传承乡村文化，留住乡愁记忆，满足人民日益增长的美好生活需要。党的十九届五中全会指出：坚持把解决好"三农"问题作为全党工作重中之重，走中国特色社会主义乡村振兴道路，全面实施乡村振兴战略，强化以工补农、以城带乡，推动形成工农互促、城乡互补、协调发展、共同繁荣的新型工农城乡关系，加快农业农村现代化。《湖南省"十四五"新型城镇化规划》提出：加快郴州市"大十字"城镇融合发展，建设成为全国最具特色和示范性的山地型组团式中小城镇群。实施城镇群提质战略，加强基础设施互联互通，进一步提升中心城区以及资兴、桂阳、永兴、宜章等县城的承载能力，不断增强产业、人口集聚能力，增强"大十字"城镇群对全市经济社会发展的辐射带动作用。同时，要推动湘赣边城镇群发展。加快湘赣边区域合作示范区建设，探索省际边界地区城镇群协调发展新模式和革命老区城镇群高质量发展新路径。依托重大交通干线及城镇布局、革命历史、生态功能，加强城镇间的联系，促进红色文化传承保护、跨省产业分工协作、城乡区域协调发展。

罗霄山郴州片区四县地形以山地、丘陵为主，城镇化发展滞后，属于连片特困地区全面脱贫县。受地缘、人才、资金等问题制约，该片区县域经济、小城镇、农村经济发展缓慢，许多农村人口外出务工或是外迁，产生了大量的"空心村"。另外，对于四县城镇化道路与方式，是走异地城镇化还是本地城镇化，这是需要明确的重要课题。在当前一系列国家利好政策背景下，四县县域城镇化不是简单的异地城镇化或是本地城镇化，而是需要贴近实际情况，探索符合自身特色的县域城镇化发展的新路径，利用自身特色，发展特色经济，走出一条适合自身的城镇化道路，进而通过县域城镇化的发展，助力乡村振兴，提高农民的收入，提升农民的生活水平，实现城乡融合发展。四县全面推进乡村振兴应该以县域单元为基础，县域作为我国行政体制的基层单位，有县城、小城镇以及广大的农村，是社会经济功能相对比较完整的地域单元，同时也是解决乡村振兴和"三农"问题的主要战场。因此，从四县县域城镇化发展入手，全面推进乡村振兴，是实现新时代城乡一体化和城乡融合的重要举措。

二、研究意义

（一）理论意义

新型城镇化的重点之一就是高质量地推动中小城市、小城镇的发展，县域城镇作为县域的政治、经济、文化中心，作为联结城市与农村的桥梁和纽带，长期以来是促进县域经济发展的动力和载体。改革开放以来，我国城镇化取得巨大成就的同时，与区域之间发展不平衡相对应的区域间城镇化发展水平差异较大的现实问题仍然突出。连片特困地区于2020年全面实现脱贫后，在乡村振兴与新型城镇化两大战略"双轮驱动"下，如何实现县域城镇化的发展对于解决区域不平衡问题非常重要。因此，对罗霄山片区县域城镇化的研究进行理论的升华，具有重要的理论价值。

1. 丰富与完善脱贫地区县域城镇化理论研究

基于我国区域自然禀赋、人文条件、产业基础等条件的差异，各地区新型城镇化推进的模式路径也有所不同。脱贫地区的城镇化模式不能照搬当代中国现行的"苏南模式""温州模式"和"珠三角模式"等东部沿海发达地区的城镇化发展的模式，需要探索适合自身特色的城镇化模式。因此，本书对罗霄山郴州片区进行实证研究，有助于丰富与完善我国脱贫地区县域城镇化理论内容。

2. 为脱贫地区县域城镇化发展提供一定理论指导

本书运用增长极理论、可持续生计理论、产业机构转换与城镇化发展理论以及制度变迁理论等系统地研究了乡村振兴背景下罗霄山郴州片区县域城镇化问题，弥补了该领域理论研究的不足。本书结合相关理论，系统地对罗霄山郴州片区县域城镇化发展现状特点、新型城镇化发展的基础条件、影响因素及发展趋势进行了探讨，设计了乡村振兴与新型城镇化协同推进的模式路径。这极大地丰富了相关领域内的理论研究，对连片脱贫地区县域城镇化推进和脱贫农户生计可持续性发展，进而推动区域经济平衡发展、缩小区域经济发展差距有一定的理论指导意义。

（二）实践意义

连片特困地区在 2020 年实现全面脱贫后，进入了全面推进乡村振兴的新时代，根据 2021 年中央一号文件《中共中央、国务院关于全面推进乡村振兴加快农业农村现代化的意见》精神要求，脱贫攻坚目标任务完成后，从脱贫之日起设立 5 年过渡期，做到扶上马送一程。过渡期内，保持现有主要帮扶政策总体稳定，合理把握节奏、力度和时限，逐步实现由集中资源支持脱贫攻坚向全面推进乡村振兴平稳过渡，推动"三农"工作重心历史性转移，确保工作不留空当、政策不留空白。因此，对于连片特困地区脱贫后的发展以及贫困户脱贫后的生计可持续性问题，需要依靠城镇化与城乡一体化手段来助力达成。

1. 县域城镇化的发展有利于化解其"三农"问题

伴随着乡村振兴与新型城镇化的不断推进，县域作为乡村人口转移的重要阵地，县域城镇化已经成为我国新型城镇化的主要载体。因此，县域城镇化的发展有利于化解其"三农"问题和破除城乡二元结构。发展县域城镇化有利于中国新型城镇化的健康平稳发展，通过为当地农民就地地城镇化积极创造就业、基础设施、政策保障等利好条件，可以为县域的工业化与城镇化注入强大动力，从而化解"三农"问题，为改变城乡二元结构探寻有效途径。

2. 脱贫地区的可持续发展动力来源于城镇化和城乡共生共荣

城乡融合发展是新型城镇化的重要目标，为破解脱贫地区可持续发展所面临的障碍、推动脱贫地区农户可持续生计形成创造条件。城镇化和城乡融合的引导在脱贫地区的城乡要素均衡配置、收入差距缩小等方面有着重要作用。因此，本书以罗霄山郴州片区为研究案例，探讨了相关因素在县域城镇化发展中的作用，构建了其乡村振兴与城镇化协同发展的模式路径，提出了罗霄山郴州片区县域城镇化和城乡融合发展的相应对策。

3. 为罗霄山郴州片区县域城镇化制定相关政策提供借鉴

本书依循罗霄山郴州片区乡村振兴背景下县域城镇化发展路径的构建思路，结合国家的相关政策，在全面性、科学性原则的指导下，通过深入分析该地区县域城镇化的现状特点、新型城镇化的影响因素及预测城镇化发展趋势，揭示出罗霄山片区四县城镇化发展机理和路径，希望能为政府部门制定县域城镇和乡村规划以及县域发展的相关政策提供相应的建议。

第二节　研究内容、研究方法与研究思路

一、研究内容

随着新时代脱贫攻坚目标任务如期完成，我国已经进入了全面推进乡村振兴的新征程。推进县域城镇化建设是实现乡村振兴的重要载体和重要平台。本书基于县域城镇化、农村城镇化的本质内涵，以罗霄山郴州片区为例，对乡村振兴背景下该地区县域城镇化发展路径进行了系统深入的研究。全书分为八章：第一、二章分别是导论和研究进展与理论基础部分；第三、四章分别是罗霄山郴州片区县域城镇化发展现状、县域城镇化发展的影响因素分析部分；第五章是罗霄山郴州片区县域城镇化演进的实证分析部分；第六章是国内外城镇化经验借鉴与启示部分；第七章是罗霄山郴州片区县域城镇化发展的路径部分；第八章是结论与展望部分。具体

如下：

（1）导论。首先，介绍乡村振兴背景下县域城镇化研究背景、研究意义，明确研究内容、研究方法和研究思路。

（2）研究进展与理论基础。主要对国内外关于乡村振兴与新型城镇化的相关研究成果进行梳理、归纳和总结，查找现有研究的不足，在充分借鉴前人研究的基础上，为提炼本书研究的切入点做准备。

（3）罗霄山郴州片区县域城镇化发展现状。从新型城镇村发展布局、城镇人口数量和城镇化率变动、城镇村产业支撑情况、城镇村管理水平等方面对城镇化现状进行深入剖析，同时，对四县城镇化发展存在的主要问题进行分析。

（4）罗霄山郴州片区县域城镇化发展的影响因素分析。从政策支持条件、自然资源和环境条件、社会经济发展等方面分析县域城镇化发展的基础条件，运用灰色模型分析县域城镇化发展的影响因素。

（5）罗霄山郴州片区县域城镇化演进的实证分析。从县域发展类型、县域城镇化发展水平的"十四五"阶段预测两个方面进行实证分析，为下一步城镇化发展路径提供支撑。

（6）国内外城镇化经验借鉴与启示。对国内外小城镇建设的经验及典型模式进行经验归纳，以便为后续四县乡村振兴与新型城镇化协同推进的模式路径奠定分析基础。

（7）罗霄山郴州片区县域城镇化发展的路径。深入分析乡村振兴与县域城镇化协同推进的优化路径，从而为四县农户可持续生计发展奠定坚实基础。

（8）结论与展望。对全书研究内容进行总结，并根据本书研究的不足提出下一步研究的着力点。

二、研究方法

本书主要采取了以下研究方法：

（1）系统论与整体观方法。新时代下，我国县域城镇化与乡村振兴发展进程具有艰巨性和复杂性，这就要求我们用系统论与整体观的方法构思县域城乡融合发展之路。农村地区新型城镇化的建设是一个内容广泛的系统工程，因此，在研究过程中应避免为解决某些具体问题专注于某一局部而导致系统与整体的研究缺乏的情况出现。第三章在深入探讨罗霄山郴州片区县域城镇化发展现状及存在问题的基础上，总结了近年来其城镇化发展的特点、规律及其启示，形成了一些系统的认识。第四章对影响新型城镇化发展的因素进行了分析，明确了该地区县域城镇化模式路径选择的依据。第七章对乡村振兴与新型城镇化的协同推进路径进行了系统研究。

（2）定性分析与定量分析相结合的方法。在充分占有客观事物的相关数量资料的基础上，通过定性分析与定量分析方法的有效结合可以深刻揭示和把握事物的本质特性。对罗霄山郴州片区县域新型城镇化发展背景与意义，主要是以定性分析为主，同时还利用了经济、社会指标相关数据进行分析；对该地区县域新型城镇化发展影响及城镇化发展趋势预测则主要采取的是定量分析研究，以便得出更科学可靠的研究结果。

（3）实证分析与规范分析相结合的方法。实证分析主要回答"是什么"的问题，大都是与事实相关的分析；而规范分析主要回答"应该是怎么样"的问题，是对社会现象存在的合理性做出价值判断。本书在研究罗霄山郴州片区新型城镇化发展现状以及乡村振兴与新型城镇化协同推进路径时均运用了实证分析与规范分析相结合的方法。比如：实地调查，查阅大量的有关新型城镇化战略制定的政府经济和社会发展规划、政府工作报告、书籍和文献，通过网络数据库查阅大量的新型城镇化建设的资料以及最新研究成果。在此基础上，对资料进行加工整理，对相关问题进行实证分析。

（4）比较分析方法。研究罗霄山郴州片区县域新型城镇化的建设与创新路径时，需要采用对比法。通过国内外研究对比，县域、指标间等多角度发展水平的对比，可以吸收其发展经验，以利于更好地分析和解决问题。本书在研究过程中对国外小城镇发展典型模式的相关特点进行了比较研究，归纳出一些对促进罗霄山郴州片区县域新型城镇化建设有益的经验，并对国内相关地区的县域新型城镇化的典型做法进行了比较，在此基础上，结合罗霄山郴州片区发展现状分析，力求为该地区基于乡村振兴背景的县域新型城镇化之路形成一个总体框架设想。

三、研究思路

本书以城乡融合发展为切入点，运用经济学、农业经济学、资源经济学、产业经济、技术经济学、管理学等多学科理论和方法，围绕"以人为中心"这一核心内容展开研究思路。研究过程中遵循两条线索：一是时间线索，即研究罗霄山郴州片区县域城镇化的历史变迁、现实选择和未来发展路径何在；二是逻辑线索，即研究罗霄山郴州片区县域城镇化发展现状及存在的问题——分析县域城镇化发展的基础条件、影响因素——提出解决方案——提炼县域城镇化优化调控的路径。为构建一条符合该地区县域城镇化可持续发展之路，本书进行了一些有益的探索。

第三节　研究区域和数据来源

一、实证研究区域

湖南罗霄山片区位于罗霄山脉西南段及其与南岭连接地区，属于亚热带湿润季风气候，境内河流众多，主要有沤江、永乐江、武水、洣水、茶水等河流，处于湘江、赣江、珠江和东江湖的上游。水能、风能、太阳能、生物质能储藏最大。地形以山地、丘陵为主，山地总面积为 8 290.58 平方千米，占总面积的 69.2%。该片区包括 6 个县，分别是株洲市的茶陵县和炎陵县，以及本书的实证区域——郴州市的宜章县、汝城县、桂东县和安仁县。

郴州区位优势独特，位于湖南省东南部，地处南岭山脉与罗霄山脉交错、长江水系与珠江水系分流的地带。"北瞻衡岳之秀，南直五岭之冲"，自古以来为中原通往华南沿海的"咽喉"。既是"兵家必争之地"，又是"文人毓秀之所"。东界江西赣州，南邻广东韶关，西接湖南永州，北连湖南衡阳、株洲，素称湖南的"南大门"。

郴州交通便利，四通八达。京广铁路、京广高速铁路、京珠高速公路、厦蓉高速公路、107 国道、106 国道、省道 1806 线、1803 线和郴资桂高等级公路等纵横境内。北上长沙，南下广州，可以朝发午至。人流物流畅通无阻。郴州通信发达，电信网络遍布全市城乡，电波传送沟通海内外。罗霄山郴州片区宜章县、汝城县、安仁县、桂东县四县概况如下：

1. 宜章县

宜章县位于东经 112°37′35″ 至 113°20′29″、北纬 24°53′38″ 至 25°41′53″，处于湘赣粤省际交汇地带，是罗霄山片区西南部通道口，史称"楚粤之孔道"。属山岭重丘地区，喀斯特地貌分布广泛，山地多平地少，地貌呈"七山一水二分田"的特点，境内地势南北两端高、中间低，山地、丘陵、岗地、平原等呈阶梯分布。属亚热带季风性湿润气候区，适宜多种林木和农作物生长。煤、钨、锡、萤石、铅锌等矿产资源丰富，现已探明可供开发矿产资源9类36种，是全国有色金属之乡。属中亚热带常绿阔叶林区，境内有大小河流276条，其中一、二级支流6条，为珠江、湘江两大水系的分水岭和"两江"源头，珠江流域面积占94%。森林覆盖率较高，境内有花植物达1 500多种，野生木本植物102科800多种，草本植物中常见的有72科184种，昆虫有89科619种，野生动物93种。莽山烙铁头蛇、虎、猴、穿山甲、野生铁杉、雪松等国家一、二级保护动植物达10多种，其中莽山烙铁头蛇被列入《中国濒危动物红皮书》，濒危等级为极危。

宜章历史悠久，人文荟萃，是朱德、陈毅领导湘南起义的策源地和首义地，历史文化古迹20余处。湘南年关暴动指挥部旧址是全国重点文物保护单位、全国爱国主义教育示范基地、全国100个红色旅游经典景区（点）和湖南八大红色旅游经典景区之一，邓小夏故居是省级爱国主义教育基地。莽山国家森林公园是国家级自然保护区、国家4A级风景区，拥有"地球同纬度保护最好的一片原始次森林"和"南国动植物基因库"美称，是全国首批14个自然景观区之一。

2019年，宜章下辖：玉溪、白石渡、瑶岗仙、迎春、黄沙、一六、栗源、岩泉、梅田、杨梅山、笆篱、天塘、里田、五岭14个镇及浆水、长村、关溪、赤石、莽山瑶族乡5个乡。

2. 汝城县

汝城县位于东经113°16′至113°59′、北纬25°19′至25°52′。东邻江西省崇义县，南界广东省仁化县、乐昌市，西接宜章县，北连资兴市、桂东县。境内内地貌主要是山地为主，四面环山，丘冈盆地相间。地势西北高，东南低；水系呈树枝状，向东西南辐射。经过县境的八面山、诸广山山体主脉及其支脉大多呈北、北东向展布。西部通天窝—寒山—东岭一带山岭，山脊平均海拔1 000米以上，此线以西是海拔在600米以下的文明小盆地。此外，尚有海拔700米以下，长约50千米、宽约20千米的汝城中部盆地。汝城县东南到东部则为东岭—集龙山地；在北部山岭中间，则有海拔800米以下的南洞盆地。县城海拔593米，县境内有海拔标注1 000米以上的山峰274座，基本上分布在北部、东北部和西南部，其中海拔1 500米以上的山峰有14座。

汝城河流有沤水、浙水、秀水、策水，汇入东江，属湘江水系；集龙河汇入赣江;九龙江、城溪江汇入北江。汝城县素有"鸡鸣三省,水注三江"之称,为三省分水岭,属长江水系湘江流域面积 1 590.25 平方千米,属赣江流域面积 501.78 平方千米,属珠江水系北江流域面积 308.82 平方千米。县内共有大小河流 696 条,河流总长 1 766.2 千米。

汝城县内发现的野生动物的品类较多。珍贵的野生动物品种兽类有水鹿(山牛)、鹿、刺猬、獐、水獭、野山羊、穿山甲等。野生植物种类有灌木 83 科 677 种。境内的珍贵树种有银杏、水杉、福建柏、华南五针松、凹叶厚朴、白花泡桐、华南栲、金叶白兰、铁坚杉等。供观赏的树种有木樨、南方红豆杉、木莲、大果马蹄荷、百日青、香木莲、木芙蓉等。野生的竹类有苦竹、毛竹、水竹、方竹、刚竹、紫竹、黄竹、凤尾竹、实竹、丛竹、斑竹等。县内野生药用植物有 700 多种。

汝城县内有汝城温泉、罗泉、汤口、大汤、塘内、铜坑等地下热水资源,其中位于热水圩的汝城温泉古称"灵泉",是中国中南六省最大的热田。

汝城县森林资源较为丰富,是湖南省重点林区县之一。九龙江国家森林公园地处南岭山脉中部和罗霄山脉南端交接处,距汝城县城区 46 千米,属省级森林公园。九龙江因特殊的地理位置、地质地貌和气候条件孕育出丰富的动植物资源和自然景观。濂溪书院系湖南省省级文物保护单位,位于汝城县城区西南,距汝城县城区中心 800 米,是为纪念北宋理学鼻祖周敦颐而建。汝城的非物质文化遗产门类多,具有浓郁的民族风情。

截至 2020 年年底,汝城县下辖:热水镇、土桥镇、泉水镇、暖水镇、大坪镇、三江口瑶族镇、卢阳镇、马桥镇、井坡镇 9 个镇,南洞乡、濠头乡、延寿瑶族乡、集益乡、文明瑶族乡 5 个乡。另设有大坪国有林场、汝城经济开发区。

3. 桂东县

桂东县位于东经 113°37′ 至 114°14′、北纬 25°44′ 至 26°13′,是湖南省罗霄山片区规划区域的"平面几何中心"和"立面顶点"之一,也是长沙、南昌和广州三都市构成的"三角形"的几何中心,堪称湘、赣、粤三省(罗霄片区)的"中心生态屋脊"。全县属中亚热带季风气候。境内群峰高耸,重峦叠嶂,平均海拔 844 米,县城海拔 824 米,是湖南省海拔最高的县城。境内有大小河流 133 条,分布均匀,水资源丰富。桂东县素有"九山半水半分田"之称,森林覆盖率高,是湖南省林业重点县之一,属中亚热带常绿阔叶林地带。境内有高等植物 1 500 余种，属国家重点保护的珍稀树种有 22 科 25 种。境内有国家重点保护的银杉、水杉等珍稀树种和华南虎、云豹、金猫、猕猴、水鹿、金鸡、相思鸟等珍稀动物；有杜仲、厚朴、鸡脚黄连等名贵药材及 1 000 余种中草药；有黄杆菌、香菇、巴西菇、玉兰片、花豆、白扁豆、薏米、金橘、晒烟等名优特产，茶叶生产颇具优势。境内已探明的矿藏有钨、锡、煤、铜、铅、锌、砷、石灰石、高岭土等。旅游资源丰富，既有集奇、险、美、秀于一体，融山、水、洞、古迹于一炉的自然景观，又有工农红军在桂东革命活动纪念馆与唐家大屋、沙田第一军规广场与万寿宫、寨前红六军团誓师西征旧址等人文景观，与井冈山、炎帝陵、东江湖、丹霞山等著名旅游景点组团对接距离较近。

截至 2020 年 6 月底，桂东县下辖：沤江镇、沙田镇、清泉镇、大塘镇、四都镇、寨前镇、普乐镇 7 个镇，桥头乡、新坊乡、东洛乡、青山乡 4 个乡。

4. 安仁县

安仁县位于东经 113°05′至 113°36′、北纬 26°17′至 26°51′，是郴州的"北大门"。东邻茶陵、炎陵，南靠资兴、永兴，西连耒阳、衡阳，北接衡东、攸县，有"八县通衢"之称。距离长沙 244 千米，株洲 190 千米，衡阳 102 千米，郴州 137 千米。地形以丘陵、山地为主，矿产资源主要有钨、钼、金、锑、钴、铜、铁、锰、煤、石墨、红柱石、滑石、石膏、大理石等，其中红柱石储量丰富。安仁属亚热带季风湿润气候，光照充足，降水丰沛，四季分明。生态环境良好，森林覆盖率高。野生动植物繁多，计有木本植物 400 余种，草本植物 813 种。中草药资源极为丰富，根据《安仁县中草药名录》的记载，植物类有 283 种，动物类 42 种，菌藻类 3 种，矿石类 2 种。

全县有大小河流 99 条，5 千米以上的河流 61 条，河川年径流量 9.86 亿立方米，水资源丰富。较大河流有永乐江、莲花江、猴子港、宜阳河、潭头江等，永乐江为湘江二级支流。

安仁县历史文化底蕴深厚，相传炎帝神农氏到安仁尝百草、治百病、教化农耕，留下了"采茶九龙庵、野炊香火堂、教民香草坪"的千古佳话，为纪念神农氏，建寺庙"择社日祭神以祈谷"，"赶分社""琢鸡婆"等民俗流传千年。安仁自古崇文重教，境内留有玉峰、宜溪、楚兴等数十处古书院遗址，以欧阳厚均为代表人物的湖湘文化源远流长，孕育了众多栋梁之材。大革命时期，朱德元帅等曾在这里领导农民进行湘南起义，并在县衙轿顶屋作出了到井冈山与毛泽东会师的重大决定。

安仁县下辖：永乐江镇、金紫仙镇、安平镇、龙海镇、灵官镇5个镇，龙市乡、渡口乡、华王乡、牌楼乡、平背乡、承坪乡、竹山乡、洋际乡8个乡。

二、数据来源

（一）文献资料收集

1. 参考的期刊主要有：《农业经济问题》《中国农村经济》《数量经济技术经济研究》《世界农业》等。

2. 参考的专著主要有：《社会主义农业经济学》（朱道华 等，1997）、《新发展经济学》（张培刚，河南人民出版社，1999）、《灰色系统理论及其应用》（刘思峰 等，科学出版社，2005）等。

（二）数据收集

1. 间接统计数据：主要来自《湖南省统计年鉴》（2011—2021）、《郴州市统计年鉴》（2011—2021），历年郴州市及宜章县、汝城县、桂东县和安仁县的国民经济和社会发展统计公报等。

2. 政策规划数据：主要来源于《湖南省新型城镇化规划纲要》《郴州市新型城镇化规划纲要》，宜章、汝城、桂东及安仁四县的"十二五"到"十四五"的国民经济和社会发展规划，《湖南省美好乡村建设》。

3. 到各地实际调查的一手资料。

第二章 研究进展与理论基础

第一节 概念界定

一、乡村振兴战略

乡村振兴战略最早在 2017 年由习近平总书记在党的十九大报告中提出：农业、农村、农民问题是关系国计民生的根本性问题，必须始终把解决好"三农"问题作为全党工作的重中之重，实施乡村振兴战略。随后，在 2018 年中央一号文件《中共中央 国务院关于实施乡村振兴战略的意见》中正式提出；2018 年 5 月，中共中央政治局召开会议，审议《国家乡村振兴战略规划（2018—2022 年）》。2018 年 9 月，中共中央、国务院印发了《乡村振兴战略规划（2018—2022 年）》，并发出通知，要求各地区各部门结合实际认真贯彻落实；2021 年 2 月，中央一号文件《中共中央 国务院关于全面推进乡村振兴加快农业农村现代化的意见》发布；2021 年 3 月，中共中央、国务院发布了《关于实现巩固拓展脱贫攻坚成果同乡村振兴有效衔接的意见》，提出重点工作。

《乡村振兴战略规划（2018—2022 年）》指出，推进乡村振兴的指导思想是：深入贯彻习近平新时代中国特色社会主义思想，深入贯彻党的十九大和十九届二中、三中全会精神，加强党对"三农"工作的全面领导，坚持稳中求进工作总基调，牢固树立新发展理念，落实高质量发展要求，紧紧围绕统筹推进"五位一体"总体布局和协调推进"四个全面"战略布局，坚持把解决好"三农"问题作为全党工作重中之重，坚持农业农村优先发展，按照产业兴旺、生态宜居、乡风文明、治理有效、生活富裕的总要求，建立健全城乡融合发展体制机制和政策体系，统筹推进农村经济建设、政治建设、文化建设、社会建设、生态文明建设和党的建设，加快推进乡村治理体系和治理能力现代化，加快推进农业农村现代化，走中国特色社会主义乡村振兴道路，让农业成为有奔头的产业，让农民成为有吸引力的职业，让农村成为安居乐业的美丽家园。

乡村振兴战略是城乡融合发展的一大抓手。以往"城乡统筹"和"城乡一体化"更多注重的是政府对公共资源在城乡之间的统筹和公共政策倾斜，以形成以城带乡、以城补乡的局面，最终实现缩小城乡差距的目的。而乡村振兴战略则更加注重将发展模式从以往的以城市为中心转变为城市与乡村双中心，使乡村与城市互相带动，互相促进，实现城乡融合发展，注重寻找、利用自身内部的发展潜力，培育乡村内部"振兴极"。

产业兴旺侧重于测度乡村的生产功能，是乡村振兴的重点，是实现农业农村现代化的基本前提。要实现农村产业的兴旺，必须利用各种资源充分发展农村经济，灵活利用各地区不同的资源禀赋优势，推动乡村各产业协调发展。产业兴旺也就是市场有活力、资源配置有效率，要实现这一目的势必依赖市场的力量；乡村地区与城市相比集聚优势很弱，完全按照市场规律必然走"马太效应"的路径——优先将要素配置到城市，这就需要政府引导市场。

二、农村城镇化

农村城镇化是实现城乡融合发展的重要手段，是实现构建以人为本的新型城镇化的重要路径。国内学者对农村城镇化有过相关研究，如马庆斌（2011）认为，当区域经济社会发展到一定程度后，农民在原住地一定范围内，依托中心村和小城镇，实现就地就近非农就业和市民化，并表现出三大特征：人口的高度集聚，以第二、第三产业为主的三大产业联动及城乡接近的公共服务水平。胡银根等（2014）认为农村就地城镇化是指农村地区在原行政区域范围内，以相关现代产业体系为推力，以基础设施建设和公共服务供给为重点，逐步实现农民就地就近就业，并享受与城镇均等的公共服务的市民化过程。

农村城市化通常包括两层含义：一是农村居民的收入及生活水平与城市居民接近，城乡差别日益缩小的历史进程；二是所谓农村城市化是指农村小城镇的发展，农村人口向农村小城镇集中，农村地区日益转变为城镇地区的过程。所以农村城市化也可称为农村城镇化。

小城镇的概念有广义和狭义之分。广义的小城镇包括建制镇与非建制镇两大类。狭义的通常是指建制镇，所谓建制镇是指经省（自治区、直辖市）批准的镇。设制镇的主要依据是人口与非农人口的集中程度。包括：

县镇，县城所在地，一般是该县区的政治、经济、文化中心，通常有多种经济成分，主要是第二、第三产业的集中地，是城乡物质交流的连接点。

建制镇，主要是乡级镇政府所在地，有一定规模的第二、第三产业，经济活动主要属于农村经济范畴。改革开放以来发展起来的这种集镇，主要是由于乡镇企业的兴起，可以说是农民兴办的雏形城市。

广义的小城镇也包括农村中各类非建制的自然集镇，包括所有乡政府所在地的集镇、乡以下各种人口居住较集中、非农产业较集中村镇、农村集市贸易所在地等。

不同层次的小城镇，其"乡脚"（同小城镇经济上具有休戚与共关系的周围一定面积的农村区域）的范围大小不同，没有乡脚，镇的经济就会因营养无源而枯竭；没有镇，乡脚经济就会因流通阻塞而僵死。村镇可能以一个村或周围小村为其乡脚；乡镇以本乡及邻乡部分地区为其乡脚，县城的乡脚范围当然更大。农村小城镇经济，不仅指在小城镇里的生产、交换、分配、消费，还应包含其乡脚的经济活动。实际上，在小城镇出售的农产品很大部分是在乡脚生产的，而小城镇生产的城市产品也销往乡脚。因此，小城镇与乡脚经济为一体。

现代农村小城镇是社会劳动分工过程中形成的地域性经济综合体，是国家或地区国民经济组成系统中的一部分，因此，小城镇与其乡脚、乡脚以外的农村区域和大、中城市，都建立了千丝万缕的联系。这种经济联系，一方面表现为：小城镇为了生存，必须把它制造的各种产品或服务销售到它地域边界以外的地区；另一方面，为了进一步组织生产，必须从外地采购各种原材料和产品。同时，为了满足小城镇居民消费的需要，一部分产品和服务还必须留在当地消费。于是，小城镇的经济活动分成两类，一类是为本镇及乡脚范围内的居民服务的活动，另一类是为大、中城市和乡脚以外的农村区域服务的活动（朱道华，2001）。

三、新型城镇化

城市化或城镇化是一个涉及多方面内容的社会经济演进过程。传统城镇化模式主要体现为粗放型工业化推动下城镇人口规模量的增长、城镇空间无序膨胀、资源大量消耗、城镇环境显著恶化。新型城镇化与传统城镇化最大的不同，在于新型城镇化是以人为核心的城镇化，注重保护农民利益，与农业现代化相辅相成。新型城镇化不是简单的城市人口比例增加和规模扩张，而是强调在产业支撑、人居环境、社会保障、生活方式等方面实现由"乡"到"城"的转变，实现城乡统筹和可持续发展，最终实现"人的无差别发展"。

具体来说，新型城镇化的内涵体现在以下五个方面（郭红星，2019）：

（1）以人为核心。以往拥有农业户籍的家庭若获得了非农户口，那么他们立即就被"城镇化"了。但新型城镇化还关注户籍转变过程中人们生活观念、生活方式和内容的转变，社会保障等公共服务的覆盖，并努力缩小获得城镇户籍的农业转移人口与原城镇人口的生活差异、文化差异、社会待遇等差异。

（2）以产业为支撑。新型城镇化建设过程中注重依照市场经济运行规律，通过产业间和产业内的集聚效应自然吸纳外来的资金、技术、劳动力等要素，促进建成区的发展。这摆脱了传统的行政等手段人为制造"新城"的局面，大大减少了"空城"的出现。与传统城镇化相比，新型城镇化更注重公共服务的规划和投入力度，注重公共服务受惠总体的普遍性。

（3）以促进城乡融合为目的。传统城镇化建设过程中不断从农村吸收原材料、劳动力、资金等要素，城镇的技术、人才、资金无法有效流向农村。在新型城镇化建设的过程中意识到这一问题后强化以城带乡的机制，力图实现城乡要素双向循环流动的城乡融合发展。

（4）优化空间布局。构建大中小型城市和小城镇协调发展的城镇等级体系，努力打造形成城市群。结构良好的城市体系和城市群有利于内部要素的合理、高效流动，充分发挥中心城市对外围地区的辐射功能，缩小地区间的差距，实现不同规模城市（镇）的协调发展。

（5）坚持绿色、高质量、可持续的发展，注重人居环境。新型城镇化摒弃先污染后治理的发展思路，将环保思想融入城镇产业区、居民区规划以及消费模式等各个角落，力争建设资源节约型城镇。避免城市粗放地摊大饼式蔓延增长，提高城市建设用地的利用率。

四、县域城镇化

古语有云："郡县治，天下无不治。"我国县制于西周时萌芽，春秋时产生，战国时发展，秦朝时得以定制，其县制发展历史至今已达两千多年。由于县域覆盖了中国绝大部分的国土面积和几乎全部农村人口，因此，县域是中国整体社会结构变迁的一个缩影。县域城镇化也是中国整体城镇化的一个重要组成部分。随着时代的变迁，县域已经不再只是单纯的行政界限所划定的空间地域范围，它还涉及丰富的经济、文化及社会等多方面的内涵。

县域的最大特点是区域性和完整性。区域性是指县域具有合法的、清晰的区域空间和区域边界，区域空间内县、镇、村三级组织层次分明，都有自己相对独立的自主权。完整性是指一个县域就是一个完整的小社会，政治、经济、文化、教育、科技、卫生、自然、生态等要素具备。县域的区域性决定了县域的发展思路和定位要充分发挥区域内资源优势的特色，最大限度地调动区域范围内的一切要素，整合资源，推动县域整体城市化的发展。县域的完整性要求县域城镇化的发展目标要具有层次性和综合性（张登国，2018）。

事实上，无论是理论界还是社会各界，对我国城市化或城镇化的道路选择问题一直存在争论。关于发展小城镇的主张由来已久，罗必良等（2021）基于宏观统计数据构建城镇化测度指标，并结合 CLDS 微观数据，讨论了不同的城镇化模式特征对城乡居民尤其是农民幸福感和公平感的影响，并提出在推进以县城为重要载体的城镇化进程中，做大做优县城，打造小城镇产业集群、发展县域经济，全面推进乡村振兴，促进推进城乡融合发展，形成县城、乡镇与村庄的联动与协调，不断提升农民的获得感、幸福感与安全感。

与大城市不同，以县城为代表的小城镇是连接农村和城市的桥梁。县城和乡村紧密相连，县城经济的发展不仅可以避免农民非农就业的长距离迁移（黄祖辉 等，2020），而且就近就业既可以兼顾农村家庭老人小孩的照顾，甚至可以兼顾非农打工和农业经营，同时还能避免因人口过于分散而造成集聚效应的损失。重要的是，县城的发展有助于优化城市的等级结构，有利于减少劳动力在不同层级之后迁移所造成的福利损失。

费孝通（1984）认为发展小城镇是农业大国与农民大国应该选择的恰当路径。因为小城镇是连接城乡的纽带，在吸纳农村剩余劳动力的同时，也有利于第二、第三产业的发展，"离土不离乡"或者就地就近城镇化，有利于农民的社会融入与市民化，降低异地就业与跨区域人口流动的社会成本与交易成本。不过，费孝通先生讲的小城镇跟县域层面的小城镇还是有些区别的。县域是一个整体概念，仅限于行政县的区域空间范围，主要包括县城和建制镇。而费孝通先生所指的小城镇范围更为广泛，小城镇是一个广义的概念，它包括大城市的卫星城、城市郊区的市属镇、县属镇（包括县城）、乡属镇（乡政府驻地集镇）、乡以下的村镇。本书中的县域单元是指县级行政区所管辖的地域空间范围，强调的是县域内的农村人口向县域内城镇的迁移和集聚，这种集聚包括向县城、建制镇、一般镇、集镇、农村社区等集中点转移的过程。

第二节　国内外研究进展

一、乡村振兴研究进展

（一）国外关于乡村振兴的研究

随着我国"乡村振兴战略"的提出，国外媒体也有一些相关的报道和推介。但相关的学术研究并不多，即使有一些论文涉及乡村振兴战略，大多也是引述中国学者的论述或观点。当然，乡村振兴作为乡村发展规律的必然，国外与乡村振兴主题相关的乡村复兴、乡村建设、乡村再造、乡村发展的研究成果还是很丰硕的，值得我们借鉴。

关于乡村复兴的内涵，一些学者从不同的角度对其进行了阐释。如Eva（2000）从社会学学科的角度，提出乡村复兴不仅包括传统意义上的乡村经济、社会和政治制度在结构上的变化，而且包括乡村不同社会部门的发展。Schultz（2010）则从经济学学科的角度出发，认为发展中国家的经济成长有赖于农业的迅速稳定增长，而传统农业不具备迅速稳定增长的能力，出路在于把传统农业改造为现代农业，即实现农业现代化。

农村经济的发展和振兴是各个国家在现代化进程中必然面对的一个问题，因而国外学者对农业农村现代化进行了深入研究。Menconi（2006）认为农业现代化发展需要有龙头企业的引领。Uasily等（2014）提出增加农民收入可以从构建多元的、充分的、满足需求的就业渠道入手，推动农村产业多样化发展，从而提高农村居民收入。

John W（2002）对传统农业和现代农业的概念进行了阐述，进一步提出传统农业的最终目标是使得农民丰衣足食，而现代农业除了要完成传统农业的任务，还要保证对环境资源的保护，从而实现人与自然和谐共生，以及农村经济社会的长远发展。

国外针对乡村振兴水平的评估及与其相关的指标体系建立方面也做了少数研究，相关研究成果对我国乡村振兴指标体系的建立有一定的借鉴作用，如：Stauber（2001）强调农村人口收入水平、生态环境对乡村发展的正向作用；Cloke（1978）根据人口、交通和居住等角度来测度城乡发展水平，并根据计算得到的综合水平把农村区别为四个类型，包括极端型非农村、一般型非农村、一般型农村以及极端型农村。

（二）国内关于乡村振兴的研究

解决好"三农"问题一直是我国社会主义现代化建设的重中之重，从社会主义新农村建设到美丽乡村建设再到如今的"乡村振兴"一直是学界研究和关注的重点，这方面的研究成果十分丰硕。随着党的十九大报告中"乡村振兴"战略的正式提出，学界更是掀起了研究"乡村振兴"战略的热潮。具体看来，国内关于"乡村振兴"的研究主要在以下几个方面。

关于乡村振兴战略的时代背景及价值取向。有学者从乡村衰落的角度提出实施乡村振兴展开的必要性，如唐任伍（2013）认为我国长期以来的城市化优先发展倾向，在推动工业化与城镇化发展的同时，也阻碍了农业现代化，导致乡村衰弱，因此，需要实施乡村振兴战略。还有学者从发展失衡说的角度进行了论述，如周立（2018）提出为有效应对我国发展的不平衡不充分，需要实施乡村振兴战略。另外，有一些学者认为乡村振兴战略是城乡发展到一定程度上的必然选择。如钟钰（2018）论述了国外发达国家乡村发展的历程与经验，并指出我国当前的国际形势与国情已具备了实施乡村振兴战略的时机条件。

关于乡村振兴的内涵。多数学者认为乡村振兴战略是新农村建设的升级版。如：叶兴庆（2018）、李周（2018）、李长学（2018）、廖彩荣（2017）、熊小林（2018）等人探讨了乡村振兴与社会主义新农村建设的逻辑关系；韩俊（2017）、霍军亮等（2018）、班娟娟等（2019）从总方向、总目标和总要求三个方面对乡村振兴与新农村建设进行了比较，认为乡村振兴战略的内涵和外延都有了很大的提升，内涵更加丰富，领域更为广泛。

关于乡村振兴战略的推进路径。对于乡村振兴战略的推进路径，学者们从多个角度提出了许多有建设性的观点，比如：唐任伍等（2022）认为应通过合理分配权利、优化决策机制、健全执行机制、建设监督机制来优化乡村振兴战略实施中元治理的路径；姚树荣（2020）认为乡村振兴的重点在于变革生产方式以及调整生产关系，这样才能解决农村要素流失、内生动力不足以及城乡发展失衡等问题。

关于乡村振兴水平的定量评价。学术界依据不同的评价标准，从不同角度构建了乡村振兴评价指标体系。在国家层面上，张雪等（2020）以乡村振兴"20 字方针"（产业兴旺、生态宜居、乡风文明、治理有效、生活富裕）作为二级指标，并选择 15 个三级指标和 46 个四级指标，构建出乡村振兴战略实施评价指标体系，并针对辽宁省 106 个村、1 175 户农户数据，分析了乡村振兴战略实施现状及面临的挑战。陈秧分等（2018）基于功能视角，构建了包括 5 个一级指标与 25 个二级指标的乡村振兴评价指标体系，并采取熵值法评价了 2015 年全国分省尺度的乡村振兴水平。闫周府等（2019）以乡村振兴"20 字方针"为依据，构建了一套由 5 个一级指标、21 个二级分项指标和 43 个三级分项指标为基础的动态评价指标体系，并对中国及各省份乡村发展水平进行了测算评估。而郭翔宇等（2020）则在 20 字方针的基础上，增加了农业农村优先及城乡融合发展指标项，形成了由 6 个一级指标、21 个二级指标、55 个三级指标构成的乡村振兴水平评价指标体系，并具体测算了全国和地方层面的乡村振兴水平与进展情况。

在区域层面上，李铜山等（2019）、李坦等（2020）、陈俊梁等（2020）分别选取中部六省、长江经济带、长三角地区等部分地区进行了多省域评价；贺文丽等（2019）、郭杰豪（2019）等，分别以海南、云南为例实证分析了单一省份的乡村振兴水平；郑兴明（2019）、程明等（2020）则通过抽样调查的方法，对福建、安徽等省份的村庄进行研究，挖掘乡村振兴的潜力与效度。此外，一些省份也根据自身实际，如河南省（2018）、浙江省（2019）、上海市（2020）相继制定了具有本地特色和应用价值的指标体系。毛锦凰（2021）以县域为评价对象，提出了依据相关选取原则建立评价指标集合，并以甘肃省县域数据对该套方法进行了实证检验。

另有学者对乡村振兴的专项进行研究，如申云等（2020）、詹国辉（2019、李建峰等（2019）、袁久和等（2018）分别从产业振兴、乡村治理、城乡关系、乡村振兴评价、乡村旅游等方面开展了评价。

总之，随着相关研究和实践的不断深入，乡村振兴理论体系也日益丰富，逐渐形成了乡村振兴战略背景、乡村振兴战略内涵、乡村振兴实施路径以及评价体系构建等重要研究议题，有一定的理论意义和实践价值，为全面推进乡村振兴，做好"三农"工作提供了思想指导和行动指南。

二、新型城镇化研究进展

（一）国外关于城镇化的研究

由于国情和文化的不同，国外对于城镇化概念和含义的理解与国内存在一定差异。在城市诞生之初，1867 年西班牙工程师 A. 塞尔达在《城市化的理论问题》一书中，提出了"城镇化"（urbanization）的概念。美国经济地理学者诺瑟姆（1975）提出了城市化的 S 形曲线。因为城市化与经济发展的联系，他用 S 形曲线表示城市化的三个发展演变阶段。Cali（2013）等认为城市化发展会吸引和接纳更多的人口，庞大的城镇人口规模也会扩大农产品以及劳动密集型商品的销售市场，从而为农村地区贫困居民提供经营性收入。同时城镇化也会吸纳大量的农村贫困人口到城镇地区，其中一部分人会摆脱贫困，另一部分则会成为城市贫困人口。国外有学者对城镇化影响因素进行了相关研究，如钱纳里等（1988）认为人均国民生产总值与工业化水平跟城镇化水平呈正相关关系。另有学者分析了东南亚国家城镇化发展的影响因素。

在城镇化发展水平衡量方面，Vlahov（2002）在构建评价城镇化发展指标体系时把城市的健康发展、和谐发展列为重要衡量指标。Phazell 等（1973）以发达国家与发展中国家为研究对象，首先提出从经济、人口、社会方面考虑，分别选取了 19 个三级指标测算城镇化水平。Moureaux C 等（2012）从城市化速度、地区分布、增长程度等五个方面综合分析了城市化水平，评价了当前的城市化水平并据此对未来的城市化速度、分布等方面进行了预测。

（二）国内关于城镇化的研究

国内关于城镇化的研究非常丰富。近年来，学者们围绕新型城镇化的内涵、新型城镇化的影响因素、新型城镇化发展的模式和路径选择、新型城镇化的发展质量、城镇化发展水平测定等几个方面进行了大量研究。

1. 关于新型城镇化的内涵

学术界对"Urbanization"一词有两种翻译，在国外著作里一般译为"城市化"，国内学者则译为"城镇化"。城市化或城镇化是一个涉及多方面内容的社会经济演进过程。传统城镇化模式主要体现为粗放型工业化推动下城镇人口规模量的增长、城镇空间无序膨胀、资源大量消耗、城镇环境显著恶化。一些学者对新型城镇化的内涵进行了比较有代表性的表达，这些概念各有侧重，对城镇化的理解都趋向于综合性，但为我们从学术角度认识新型城镇化的概念提供了基础。如，张占仓（2010）认为新型城镇化有别于传统城镇化的发展过程，是指资源节约、环境友好、经济高效、社会和谐、城乡互促共进、大中小城市和小城镇协调发展、个性鲜明的城镇化。彭红碧等（2010）提出中国新型城镇化道路的科学内涵：以科学发展观为引领，发展集约化和生态化模式，增强多元的城镇功能，构建合理的城镇体系，最终实现城乡一体化发展。吴江等（2009）认为，新型城镇化主要是指以科学发展观为统领，以新型产业以及信息化为推动力，追求人口、经济、社会、资源、环境等协调发展的城乡一体化的城镇化发展道路。黄亚平（2012）认为新型城镇化的实质是一个质量与数量协调并进的过程，以提高城镇化的质量，促进城镇化和经济社会的健康发展，达到"适度的城镇化增速""投资环境的改善"和"人居环境质量的提升"相协调。周剑云（2018）通过深入分析传统城镇化和新型城镇化的特征和定义，指出了新型城镇化承载了传统城镇化的精华，同时充分考虑了以人为本以及全面协调可持续发展。

2. 关于新型城镇化的影响因素

近年来，国内学者对城镇化发展的影响因素做了许多富有见地的研究。部分学者运用相关模型对城镇化影响因素进行了定量测算，如马孝先（2014）运用结构方程模型方法，得出要素投入、消费需求、金融深化、空间聚集、人口素质和政府作用等因素对城镇化的发展都发挥了积极作用的结论。赵金华等（2009）通过面板数据分析认为，城镇化水平受到多种因素不同程度的影响，各省区城镇化水平的影响因素及其影响作用呈现出明显的差异化特征。杨丽莹（2019）从人口、经济和居民生活质量三维度对我国新型城镇化的主成分影响因子进行了分析，并基于 VAR 模型对其传导效应进行了研究。李政通等（2019）运用融合熵值法构建了一种政策体现式的综合评价法，并将其运用于我国 31 个省份 2010—2014 年新型城镇化发展水平变化的综合评价当中。

另有学者部分学者探讨了具体区域的城镇化水平影响因素。如，梁洁（2020）结合广西城镇化发展的现状，选取了经济发展、产业结构、就业承载力、基础设施、科技创新、公共服务、居民收入、人口素质等方面共13 个相应指标，构建了广西城镇化发展水平的影响因素指标体系，并采用灰色关联分析模型对数据进行了处理，比较了 13 个指标对广西城镇化率的灰色综合关联度。张丽琴等（2013）分析了影响城镇化发展的各种因素，构建了河北省城镇化影响因素的指标体系，并提出促进经济发展、优化产业结构、加大基础设施建设与科技教育投入、完善制度安排等对策建议。张荣天（2018）从制度变迁、经济增长、产业演进、农民迁移等几个方面对转型期安徽省县域城镇化发展影响机理进行了分析。李剑波等（2018）运用层次分析-熵值法、协调度模型、灰色关联分析并结合障碍度模型对2005—2014 年成渝城市群新型城镇化发展协调度的时序变化以及影响因子进行了分析，并提出了优化城镇化协调发展的建议。

3. 关于新型城镇化发展的模式和路径选择

20 世纪 80 年代末，国内学者开始关注城镇化发展模式研究，学者们从不同视角归纳出中国各种城镇化模式。近年来，国内众多学者从不同角度对我国新型城镇化发展战略和路径的选择提出了各自的见解。陈诗波等（2014）认为应该用好市场和政府两种力量，通过创新行政管理制度，加大财税金融改革和土地制度改革力度，同等重视速度和质量问题，注重以政策促进产业的发展，不断提高城镇居民公共服务供给。侯为民（2015）提出，在经济新常态下，推进新型城镇化，需要发挥耕地保护制度的倒逼作用，加强城镇化规划，统筹城乡发展，在产业创新和民生事业发展基础上激发城镇化促进经济发展的新动力。杨仪青（2015）认为国内外城镇化建设的过程中积累了很多经验和教训，有必要创新我国新城市化建设的路径：为城市化协调发展制定新的空间布局规划，以市场为主导，加上政府的合理引导统筹区域发展，建立城乡互动与城乡一体化的发展模式。韩云等（2019）归纳了我国改革开放以来的城镇化历程，认为今后应在党的领导下，坚持实事求是的原则，勇于探索中国特色新型城镇化的建设路径。张立伟（2016）认为要建设新型城镇化，我国需从最初的规划入手，将土地、资金、产业和公共服务等要素都考虑在内，提高城镇化质量，走出新道路。

张明斗（2018）认为必须走内生型的城镇化道路来实现新型城镇化的高质量和可持续发展。杨飞虎（2020）认为，应建立包含经济、社会、文化、生态等方面的包容性发展制度，构建市场调配、政府监管、社会参与的多维发展体系，形成包含总体模式、实施模式和保障模式"三位一体"的包容性发展模式，从而有效提高我国新型城镇化包容性发展的质量。王冠军（2020）从生态文明建设和新型城镇化角度，提出了发展新型城镇化的路径：第一，深化改革，确保公平。要促进农民工有序转移，并完善其住房保障体系，以及帮助和促进农民工就业，确保农民工享受到城镇化的红利；第二，建立完善的环境保护机制，在发展的同时保护生态环境；第三，制定城镇建设用地集约化开发制度。

4. 关于新型城镇化发展水平测定

国内在城镇化水平测算方面的研究比国外起步晚。近年来，尽管国内学者在新型城镇化水平测算方面的研究增多，但对新型城镇化水平评价的研究还未形成一个具有普适性的评价指标体系。一是利用构建的新型城镇化指标体系对所研究地区的新型城镇化发展情况进行分析。例如，有学者在新型城镇化内涵的基础上，通过建立相关指标体系，并运用 Arc GIS 对省域内地级市的城镇化水平进行了测定及比较（刘静玉，2012；杨立国等，2014）；郑雁玲（2020）构建了新型城镇化投入产出指标体系，运用 DEA 模型对全国 31 个省份 2011—2018 年的新型城镇化效率进行了分析；伊金秀（2017）以江苏省内各地级市为研究对象，加入空间对城镇化的影响，构建指标体系探究了各地级市城镇化水平的空间效应，但考虑到数据的可得到性，经济城镇化中仅包括对第三产业的描述，因此结果可能与现实之间有差距，但对以后的研究依旧有借鉴作用；赵磊等（2019）以 2004年至 2015 年省域为研究对象，构建指标体系后，使用 Dagum 基尼系数、Kernel 密度估计和马尔科夫链法分析地区差异性及分布，最后探究影响城镇化的驱动因素。另外一种评价方法就是将新型城镇化作为子系统进行研究，徐永辉和匡建超（2019）根据国家颁布的新型城镇化评估框架，为了反映技术在城镇化发展中的作用，最终选择了城镇经济、城镇服务和基础设施、城镇生态以及技术支持这 4 个维度下的 25 个指标对新型城镇化水平进行综合分析；何刚（2020）等人为了研究新型城镇化对区域生态环境质量的空间影响，从人口、经济、社会和空间 4 个维度选取了 22 个指标，以此反映研究对象的新型城镇化发展水平。

三、乡村振兴与新型城镇化的关系研究进展

国外学者在比较早时就开始重视城市和农村之间的联系和协调发展问题。比较有代表性的如亚当·斯密（1776）从比较效益的角度对城市和农村关系进行了系统的研究，认为由于工业化生产的比较效益较高，农村人口就会流向城市，导致农村经济的衰落。霍华德（1898）发表的《明日的田园城市》指出在工业化条件下实现城市和农村结合的发展道路，从城市规划的角度强调了城市和农村协调发展的重要性。另有学者从静态二元结构到传统二元结构再到空间二元结构，将城市和农村关系与二元结构理论紧密结合，他们比较倾向于工业主导论与城市中心论。例如 Lewis（1954）、Fei C 和 Ranis G（1961）等的研究。还有学者在对二元结构理论进行反思与创新的基础上，对城市和农村要素流动方面进行了研究。例如，斯多尔和泰勒（1981）提出了城市和农村平衡发展模式。

国内学者在城乡关系方面研究已渐成体系。党的十九大提出乡村振兴战略后，乡村振兴与新型城镇化的关系问题日益成为学界和政界讨论的热点问题。当前"乡村振兴与新型城镇化之间存在协调互促的作用关系"的观点已经成为学术界的共识。比如：康永征（2018）认为新时代下的乡村振兴和新型城镇化并不是简单的政策关系，二者之间存在互相借力发展的内在作用机制。陈明星（2018）认为战略之间的协调关系是战略本身的内在要求，新型城镇化最主要的特征就是与乡村振兴战略同步推进。与此同时，不少学者也在尝试着运用数据量化乡村振兴和新型城镇化的协调关系，如陈国生等（2018）在前人研究基础上，引入新型工业化的影响，并使用构建三者的指标体系，利用熵权法计算权重，最终得出我国 1994—2016 年三者的发展得分。徐维祥等（2020）根据耦合协调理论，构建耦合协调度模型、地理加权回归模型，选取除西藏自治区和港澳台地区外的全国 30 个省份为研究对象，探究了其在 2005—2017 年两者的耦合协调水平，进一步对协调度进行了空间、时序分析，并首次探究了影响两者耦合协调发展的驱动因素，为后来的研究学者提供了理论支持。赵朋等（2020）构建 GMM 模型、中介效应模型分析了新疆地区新型城镇化对乡村经济发展的影响力；李民梁等（2021）以广西为研究案例，通过构建乡村振兴与新型城镇化评价指标体系，运用熵权法、耦合协调模型、误差修正模型、VAR 模型等分析方法，量化了乡村振兴与新型城镇化的耦合协调关系、均衡变动关系、Granger 因果关系、动态发展关系。研究发现：广西新型城镇化与乡村振兴发展水平不断提高，耦合协调度逐年上升，但耦合阶段依旧处于低水平的磨合期；新型城镇化与乡村振兴显著正相关，两大战略经过多年磨合形成了长期均衡变动关系；乡村振兴与新型城镇化存在单向的 Granger 因果关系，新型城镇化是乡村振兴 Granger 的因；新型城镇化对乡村振兴的推动作用显著，而乡村振兴对新型城镇化的影响效果不理想。

近年来，学术界关于乡村振兴战略与特色小镇的结合研究的热度也持续攀升。就研究趋势上来看，从大的宏观理念、方向、原则、定位的理论研究向中观各地区自身的实践路径研究发展；就研究视角上看，主要有乡村振兴战略背景下特色小镇经济的发展、生态环境的保护、文化建设与再造、乡村旅游的发展等几个方面。从观点上来看，大家一致认为，乡村振兴战略背景下的特色小镇建设的重中之重是特色产业，核心竞争力是以文化品质为标的的特色文化软实力。在特色产业的选择上，应有意识地向现代农业特色小镇和旅游型特色小镇倾斜。而创建乡村旅游小镇应注重开发乡村旅游产品，着力发展农业观光园、休闲农庄、乡村民宿、乡村度假村等。乡村振兴与特色小镇建设的主体应该是企业，政府不能包揽一切，应该扮演好服务者、协调者的角色。

四、文献评述

目前，国内外学者对乡村振兴和城镇化问题的研究较为丰富，相关研究主要涉及乡村振兴与城镇化概念、内涵、相互关系及协调发展等方面。现有研究成果较好地解释了乡村振兴和新型城镇化发展的关系，随着经济社会的发展，这些研究的理论内容也在不断更新和扩增，越来越具有现实指导性。但是，关于乡村振兴下新型城镇化的研究在以下几个方面仍然需要进一步加强和细化：新型城镇化模式创新上的地域特色问题；对新型城镇化的研究领域要更加具体，要抓住新型城镇化发展的根本要义，减少在研究上的空泛性；加强脱贫地区县域城镇化相关的实证研究，从系统、协同的角度将乡村振兴与新型城镇化相结合做进一步研究。因此，在新的经济社会环境背景下，研究乡村振兴背景下罗霄山郴州片区县域城镇化自身良性发展和推进问题，既是现实上破解该地区作为后发地区自身发展难题的现实选择，也是理论上为全国同类地区寻求发展路径的客观要求。

第三节　理论基础

一、产业结构转换与城镇化发展理论

在发展中国家工业化的初始阶段，现代工业只能在少数部门或地区率先出现，而其他部门或地区则停留于传统状态，由此形成了现代部门与传统部门同时并存的二元经济结构。因此，发展中国家在充分发挥城市工业主导部门作用的同时，必须重视乡村传统农业部门的改造和发展。在工业化过程中，随着农业劳动生产率的提高和农村隐蔽失业的显性化，出现了剩余劳动力由农村向城市流动的趋势。结果使城乡经济上的不平衡日益加剧，使业已严重的城市失业问题更加严重。现代乡村工业的崛起，不仅是解决农村剩余劳动力和推动农业发展的有效途径，而且是促进发展中国家工业化过程中产业结构转换的重要支撑力量。

（一）二元结构理论

在发展经济学文献中，伯克最先通过考察荷兰殖民地印度尼西亚的社会经济提出了"社会二元结构"理论。20世纪50年代，美国著名经济学家刘易斯在伯克的基础上，进一步提出了更为完善的二元经济理论。该理论认为发展中国家中存在典型的二元经济结构，即传统农业部门和城市工业部门，这两个部门的发展差异巨大。体现在：传统农业部门包含着大量农村剩余劳动力，规模经营不显著，农民只能维持较低的生活水平。而城市工业部门则运用现代化的方法进行生产，生产效率比较高，因而应作为经济社会发展的主导力量。二元经济理论在中国情境下，逐步演变为城乡二元结构理论被加以探讨，城乡二元论由此在中国开始被广泛提及。20世纪60年代，在刘易斯二元结构理论的基础上，费景汉和拉尼斯提出了人口流动模型，即拉尼斯-费景汉模型。该模型认为，认为将农村劳动人口转换为城市工业人口之前，需要解决可能引发的粮食短缺的后续问题，其关键在于提高农业剩余产品以及加大农业生产效率，同时可以有效避免农村与城镇之间发展失衡。各国政策制定者至今都很重视这一观点。乔根森在拉尼斯-费景汉模型的基础上，进一步弱化了对农业剩余劳动力的考虑，而更加强调农业的作用，由此形成了乔根森模型。在乔根森模型中，工业要实现发展，存在农业剩余是非常重要的前提，并且农业剩余越大，劳动力由农业部门向工业部门转移的规模就越大，就更能促进工业的发展壮大。20世纪60年代末，美国发展经济学家托达罗在前人研究的基础上，提出了人口流动模型。该模型的核心也主要是探讨如何使剩余人口在农业部门以及工业部门之间转移的速度变缓。托达罗认为，关注农村的发展而不是只重视城市的发展，是消除二元经济结构的关键，是促进城乡经济均衡发展的必要之举。

总而言之，在发展中国家的城镇化进程中，二元结构理论影响较大。

这些理论，从某些方面反映了发展中国家在工业化过程中的若干基本特征和重要特点。然而，刘易斯等人的二元经济理论模型，也存在许多缺陷。其一，他们只是描述了一种客观存在的事实，没有进一步探究其存在的原因，从而影响了对两个部门的性质和特点进行全面和深入的认识。其二，他们只是将分析集中在农村剩余劳动力问题上，而没有探究要素的转移或流向，以及引起的国民经济结构全面转换的问题。因此，他们的分析只能揭示工业化的某个方面，而不能覆盖工业化的整个内容。其三，刘易斯的传统部门"边际生产率为零"假设和"不变工资条件"假设都与现实不符，刘易斯的"最低生存费收入"和拉尼斯等的"制度性固定工资"也都是一些不可测定的概念。

因此，分析二元经济结构问题，既要关注隐蔽失业和农村剩余劳动力的转移问题，同时还要关注整个国民经济在工业化过程中的结构转换问题。避免因过度重视工业发展而对农业发展的重视不够，甚至忽视农村的发展，以至于扩大城乡差距，激化矛盾，导致深刻而广泛的经济社会问题。

（二）农业部门的现代化改造

传统农业是发展中国家二元经济结构中的一个重要组成部分，二元经济结构的发展中国家能否顺利地走向现代化的关键是能否实现对传统农业的改造。所谓传统农业的改造，就是指传统的农业生产要素组合方式发生变化，从而产生实现农业技术进步的经济效益的过程，传统农业改造会对城市工业发展产生重要的影响：其一，只有当农业生产率得以提高，农村才会向城市提供更多的剩余农产品，社会也才会有足够的资源和产品用于扩展现代工业部门；其二，只有传统农业得到真正改造以后，工业部门中那些与农业投入直接相关的产业，才能得到较快的发展，并进一步带动道路、水电以及通信等连带产业的发展。所以，对传统农业进行改造，可以为发展中国家工业的发展奠定良好的基础。对传统农业的现代化改造，主要有以下几个途径：一是农机工业部门向农业部门供应农业机械和提供技术服务；二是农艺工业部门向农业部门供应良种、饲料、化肥、农药和塑料制品等；三是农业土地所有制形式以及土地使用规模等农业组织方式的变革。要实现对传统农业的改造，应以工业发展为先决条件。从机械方面来看，那些一次完成犁田、收割、脱粒、秸秆还田等作业的综合性机械、化肥的使用所需要的专业机械等都来自工业的发展。这些机械的使用使得农田作业有了非人力可比的准确性、齐整性和及时性，从而大大拓展了增产的可能性边界。同时，农业的有机构成和农业劳动生产率也随之不断提高。而从组织方式来看，在制造业中心的产生和城市人口的增长给予农业生产以决定性的刺激时，若没有现代的物流运输体系，那么农业根本无法适应工业化社会的需要，大规模的农场建设也不可能实现。当然，一个国家要实现传统农业的改造，除了现代工业的兴起和发展这一先决条件以外，还必须具备其他一些前提，如农产品要保持较高的水平、农业劳动力要变得稀少而珍贵、农业规模化经营（张培刚，1999）。

伴随工业化、城镇化深入推进，我国农业农村发展已经进入新的阶段。近年来，一系列中央一号文件为实现工业反哺农业、城市支持农村提供了政策保障和强大动力，如提出要培育一批高产、优质、抗逆、适应机械化生产的突破性新品种；加快推进大田作物生产全程机械化，主攻机插秧、机采棉、甘蔗机收等薄弱环节，实现作物品种、栽培技术和机械装备的集成配套；积极发展农机作业、维修、租赁等社会化服务，支持发展农机合作社等服务组织。

要着力构建新型农业经营体系。一是要发展多种形式规模经营。鼓励有条件的农户流转承包土地的经营权，加快健全土地经营权流转市场，完善县乡村三级服务和管理网络。探索建立工商企业流转农业用地风险保障金制度，严禁农用地非农化。有条件的地方，可对流转土地给予奖补。土地流转和适度规模经营要尊重农民意愿，不能强制推动。二是要扶持发展新型农业经营主体。鼓励发展专业合作、股份合作等多种形式的农民合作社，引导规范运行，着力加强能力建设。允许财政项目资金直接投向符合条件的合作社，允许财政补助形成的资产转交合作社持有和管护。有关部门要建立规范透明的管理制度，推进财政支持农民合作社创新试点，引导发展农民专业合作社联合社，按照自愿原则开展家庭农场登记。鼓励发展混合所有制农业产业化龙头企业，推动集群发展，密切与农户、农民合作社的利益联结关系。在国家年度建设用地指标中单列一定比例专门用于新型农业经营主体建设配套辅助设施。鼓励地方政府和民间出资设立融资性担保公司，为新型农业经营主体提供贷款担保服务。加大对新型职业农民和新型农业经营主体领办人的教育培训力度。落实和完善相关税收优惠政策，支持农民合作社发展农产品加工流通。三是要健全农业社会化服务体系。稳定农业公共服务机构，健全经费保障、绩效考核激励机制。采取财政扶持、税费优惠、信贷支持等措施，大力发展主体多元、形式多样、竞争充分的社会化服务，推行合作式、订单式、托管式等服务模式，扩大农业生产全程社会化服务试点范围。通过政府购买服务等方式，支持具有资质的经营性服务组织从事农业公益性服务。扶持发展农民用水合作组织、防汛抗旱专业队、专业技术协会、农民经纪人队伍。完善农村基层气象防灾减灾组织体系，开展面向新型农业经营主体的直通式气象服务。

（三）农村工业发展与城镇化

一般意义上讲的工业通常集中在城市，所谓的工业化也是指在经济发展过程中，工业部门份额的上升和农业部门份额的下降，工业部门成为主导经济部门的过程，农业国（地区）转化为工业国（地区）。

而农村工业化是指，通过在广大农村合理布局工业，使农村居民在从事农业生产的同时，也从事非农业生产活动，或者农村居民的一部分从事农业生产活动而另外一部分从事非农业生产活动，以农村工业的发展来带动农村地区的全面发展。农村工业的发展在我国当前全面推进乡村振兴、县域城镇化进程中起着重要的助推器作用。

（1）农村工业的发展，有利于加速农业现代化。农村工业的发展使农村劳动力出现相对稀缺的情况，从而为推行农业机械化和适度规模经营提出了新的要求；农村工业发展使农村居民收入普遍提高，增加了对副食品的需求，这就使农业功能和种植结构的调整有了外部压力；农村工业对农业的直接支持和间接支持，为农业现代化提供了坚实的物质技术支持。

（2）农村工业的发展，有利于产业的合理布局和结构优化。农村食品工业、饲料工业、能源工业、建材工业、采矿冶金工业等靠近原材料基地，可以发挥当地的资源优势，就地取材、就地加工，减少远距离运输，降低企业生产成本，增强竞争力。

发展农村工业还有利于加速农村产业结构的优化。一是可以改变农业产业内部的结构，避免以种植业为主、种植业又以粮食为主的单一结构。通过农业加工龙头企业带动，形成农业种养加一体化的布局。二是可以实现县域工业企业规模结构的合理化。在现代技术水平下，合理的工业企业规模结构，需要大中小相结合，并保持适度比例。通过开展横向经济联合，可逐步把城市大型企业的部分产品和零部件生产向农村中小型企业扩散。这样就有利于打破城乡分割的局面，加速城乡经济的一体化，从根本上改变城乡分割的二元局面。三是通过大力发展农村工业等第二产业，带动县域物流、乡村商贸服务、金融保险等第三产业的发展。

（3）农村工业的发展，有利于县域小城镇建设。农村工业的发展和小城镇建设是相互促进、相互制约、不可分割的关系。农村工业以小城镇为依托，实现地域分布的相对集中，取得规模聚集效益。小城镇是农村工业的理想基地，农村工业的发展又为城镇建设增添活力。农村工业和小城镇的发展，为我国城市化进程的稳步推进提供了重要助力（朱道华，2001）。

（四）第三产业的兴起与城镇化

第三产业的兴起是工业化过程中产业结构转换的一个重要内容。经验表明：在工业化推进过程中，工业的迅速扩张是产业结构转变的主要动力。这表现为，随着工业化的推进，农业在国民经济中的比重持续下降，工业在国民经济中所占的比重持续上升，而服务业所占的比重则呈现出逐渐增加的倾向。当工业进入较快发展阶段时，服务业的迅速扩张就成为推动产业结构变化的主要力量。其结果是，工业在经济中所占比重相对下降，服务业则急剧扩大。

库兹涅茨对英国等13个国家的经验研究为上述论点提供了一些支持。该研究从产值和劳动力在就业部门之间的分布，说明了其在现代经济增长过程中产业结构的变化趋势。

第一，从产值来看，除了少数例外，各国在所选时期内，产值变动的趋势是：农业在总产值中所占份额下降，工业在总产值中所占份额上升，而服务业在总产值中所占的份额则基本保持稳定。

第二，从劳动力来看，农业部门劳动力占总劳动力的比重下降，工业部门占总劳动力的比重上升，许多国家的服务业部门的劳动力占总劳动力的比重都上升了，其上升的速度显著高于它们产量比重上升的速度。这样，除第三产业以外，第一、第二产业劳动力比重变动趋势与产业比重的变动趋势大体上是一致的。

工业化的推进，在客观上从生产和生活两个方面对第三产业的发展提出了要求，而第三产业的兴起则是对这种要求的适时反应。第三产业一旦兴起，反过来又会大大推进工业化和城镇化进程。这种作用主要表现在以下几个方面：

（1）通过联系效应或引致效应，第三产业能够带动物质生产部门的发展。这表现在，由于第三产业的发展为物质生产部门提供了运输手段，提供了人才、信息、技术，集聚了资金和扩大了市场等，使物质生产部门具备了扩张的能力，因而大大刺激了物质生产部门的发展。

（2）通过大量吸收劳动力就业，第三产业有助于解决社会的就业问题。这是因为，第三产业的大多数活动所需资金少，资本－劳动比率低，因而能够大量吸收劳动力就业。从发达国家的情况来看，自20世纪70年代以来，大多数国家一半以上的人口进入第三产业就业，第三产业就业的作用明显大于第一、第二产业。在发展中国家，由于存在大量剩余劳动力，工业化进程受到阻碍，因此，大力发展第三产业，吸收剩余劳动力，对推进城镇化进程有着较大作用。

（3）通过提供生活服务设施，方便居民生活，第三产业能够改善人民的生活质量，从而提高劳动素质和劳动效率。这一点在发展中国家较为突出。比如，我国在传统计划经济时期，因为第三产业不发达，给居民生活带来了诸多不便。随着社会主义市场经济的发展，第三产业获得了广阔的发展空间，人民在生活设施服务方面得到了更为便利的通道，从而为工业化、城镇化的发展带来了更多的资源聚集效应，这大大地改善了整个经济的资源配置效率（张培刚，1999）。

二、增长极理论

增长极理论最早是由法国经济学家佩鲁于1950年提出来的，它是区域不平衡发展论的依据之一。佩鲁认为，在经济活动中，经济单元并不是协同共进的，而往往是某些优势经济单元先实现增长。也就是说，各经济单元之间事实上存在不均衡的关系。佩鲁把处于优势地位的经济单元（增长极）对处于非优势地位的经济单元施加的作用称为"支配效应"。增长极在技术以及经济方面具有领先优势，能够通过经济活动对周围地区的经济增长产生支配效应，这种支配效应是经济发展中的积极因素，能够引致一些增长效应。增长极的产生，促使人口、资本及技术等生产要素不断向城市聚集，并对周围地区产生扩散作用。

1957年，瑞典经济学家Myrdal提出"回波效应"和"扩散效应"的概念，进一步丰富了增长极理论。他认为回波效应表现为各种资源要素不断向发达地区聚集，导致地区经济发展差距的不断扩大；扩散效应表现为在一定阶段之后，各种资源要素不断向落后地区扩散，导致地区差距的不断缩小。赫希曼在后期的研究中又提出"极化－渭滴效应"学说，同增长极所提出的聚集－扩散相类似。极化效应认为城市的发展吸引农村人才和资本不断流向城市，并导致城乡差距的不断拉大。渭滴效应则指城市的发展对农村产生辐射影响，并由此带动农村地区劳动生产率和消费水平的提高，进而有利于缩小城乡差距（赵彦普，2015）。

增长极理论在现实中应用的效果较为理想，带动了地区内其他区域的经济发展，然而也会出现极化现象，增长极在发展时强行将附近区域的发展要素据为己有，进一步拉大了地区间差距，造成城镇化发展加速，乡村发展缓慢，对周边区域产生了负向效应。并且如果出现增长极的扩散效应未能辐射到周边区域的情况，将会使增长极和地区核心区域产生隔阂，反而会制约地区整体经济的发展。此时就需要地方政府政策的有效干预，及时将极化效应转化为扩散效应。淡化城乡二元经济结构的影响是保持城乡协调发展的过程，城乡一体化首先要建立增长极，通过增长极带动城乡经济协调发展，同时积极扩散极化效应，缩小城乡经济差距，削弱区域发展的非均衡性（戴学勇，2021）。

三、可持续生计理论

可持续生计作为个人和家庭为改善长远生产生活状况所获得的谋生能力、所拥有的资产、可借助的外部支撑条件以及以收入创造为核心的行动，其基本思想来源于 20 世纪 80 年代到 90 年代早期对贫困问题的深化理解，特别是来自 Sen、Chambers 和 Conway 的创造性分析和研究（Martha G. Roberts et al.，2003）。这一概念最早出现在 20 世纪 80 年代末世界环境与发展委员会的报告中，主要强调维系或提高资源的生产力，保证对财产、资源及收入的拥有和获得，而且要储备并消耗足够的食品和现金，以满足基本的需求。可持续生计分析框架是理解多种原因引发的贫困并给予多种理解方式的集成分析方法。目前的可持续生计分析框架主要有三个：一是由英国国际发展机构（DFID）建立的 SLA 框架，坚持以人为中心，注重贫困人口参与，多层面消除贫困，用来指导生计战略选择和单个家庭限制条件的分析。其主要包括脆弱性背景、生计资本（自然资本、物质资本、金融资本、人力资本、社会资本）、结构和制度转变、生计战略和生计输出五个组成部分。二是联合国开发计划署（UNDP）的生计可持续研究，它的最终目标是要实现一种整体发展观，通过了解并创造可能的环境让人们运用自身能力、潜能并最终得到发展。三是 CARE 的农户生计安全框架，它注重强调能力、资产、活动三者间的互动关系，决定了农户生计策略的选择。

　　国外可持续生计分析方法的引进，为我国摆脱贫困提供了崭新而全面的视角，部分研究开展了对贫困农户生计的实证研究，用可持续生计分析框架来甄别贫困农户生计可持续发展的主要限制因素及其相互关系，揭示了贫困农户多风险交织的状态。农村城镇化，一方面是农村人口向城市运动，并在城市从事非农工作；另一方面是乡村生活方式向城市生活方式的转变。城镇化影响了农民的生计结构，大量农村剩余劳动力从土地上解放出来转移到城镇中，留在土地上的农民可以通过发展现代化农业，提高农业生产率，有效提高收入。从农民可持续生计角度来看，城镇化意味着农民原有的生计能力、资本条件、谋生策略的转变，其生计再造的关键取决于非农就业、获得社会保障、确保生计资产增值的实现。

四、制度变迁理论

（一）制度经济学关于制度变迁的理论

1. 制度的内涵

　　美国制度学派先驱之一凡勃伦，首先将制度纳入科学研究，从而开创了对制度进行系统逻辑研究的先河。他认为，制度是大多数人所共有的一些"固定的思维习惯、行为准则、权力与财富原则"。制度学派的康芒斯从制度内的人类行为入手找到了适用于一切属于制度范畴的一种普通原则，即制度是集体行为控制个体行为。新制度经济学家安德鲁斯考特、艾尔斯、保罗布什等也都强调了制度这种社会限定性，诺思把制度定义为一系列被制定出来的规则，守法程序和行为道德伦理规范，舒尔茨、霍奇森、拉坦都将制度定义为一套行为规则。根据这些表述，所谓制度，作为人类行为的结果，是一系列被制定出来的规则、守法程序和行为的道德伦理规范，旨在约束追求效用最大化的主体的行为，构成经济和社会发展中合作与竞争的基本程序（曾福生 等，2001）。要弄清楚制度的内涵，必须对正式制度与非正式制度、制度安排与制度结构等几个概念进行明确界定。正式制度是指人们自觉发现并予以规范的一系列规则，主要包括政治规则、经济规则和契约。非正式制度是指人们在长期交往过程中自发形成并被人们无意识接受的行为规范，主要包括存在于一个社会中的伦理道德规范、风俗习惯和意识形态。制度安排是指促使经济单位之间参与合作与相互竞争的方式的一种安排，制度安排可能是正式的，也可能是非正式的，可以是暂时的，也可以是长期的。而制度结构则是一个社会中正式的和非正式的制度安排的总和（卢现详 等，2007）。

2. 制度变迁的解释

同任何事物发展过程一样，制度本身也有一个产生、发展和完善以及不断被替代的过程，这个过程被称为制度变迁，它表现为制度由非均衡到均衡的演变。在新制度经济学相关文献中，制度变迁与制度创新常常被混合使用，其实，它们之间存在着区别。制度创新主要是指制度的变革与发展，它更强调制度变革的效率（梅德平，2004）。制度变迁的行动主体大致可以分为三类，即个人、组织以及政府机构。在新制度经济学家看来，追求利益的最大化是制度变迁的行动主体实施制度变迁的基本动力。诺思指出，制度变迁的诱致因素来源于经济主体对最大化的潜在利润的追逐，即希望通过制度变迁来获得在已有的制度安排中无法取得的潜在利润。当一种制度安排还存在着潜在利润的话，也就意味着这种制度安排还没有达到帕累托最优，该种制度安排还处于非均衡状态。因此，从这一意义上说，制度变迁的过程其实就是一种制度安排从非均衡状态走向均衡状态的过程。并且，新制度经济学理论还认为，制度安排的非均衡状态的出现，只是行动主体实施制度变迁与创新的客观条件和基本动力，而制度变迁是否能够真正被实施，在于行动主体对实施制度变迁与创新的成本与收益的分析。即只有在行动主体可能获得的潜在利润超过为获取这种利润而付出的成本时，制度变迁才能被实施（卢现详 等，2007）。对制度变迁的成本与收益分析，是制度变迁行动主体的基本出发点。然而，一个社会究竟采取何种方式实施制度变迁，还取决于这个社会内的各种利益集团之间的权力结构以及社会的偏好结构。一般地，根据制度变迁主体的差异，可以将制度变迁方式划分为诱致性制度变迁和强制性制度变迁两种类型。按照林毅夫的解释，诱致性制度变迁是指现行制度安排的变更或替代，或者是制度安排的创造，它是由个人或一群人，在追逐获利机会时自发倡导、组织和实行的。与此相反，强制性制度变迁则是通过政府命令和法律引入和实行的。林毅夫强调，诱致性制度变迁必须由某种在原有制度安排下无法得到的获利机会引起，而强制性制度变迁则可以纯粹由不同选民集团之间对现有收入进行再分配而发生。另外，在自发的制度安排特别是正式的制度安排变迁中，往往也需要政府行动来推动制度变迁的进程。

另外，如果以制度变迁的速度为标准，制度变迁可以分为渐进式制度变迁和激进式制度变迁。渐进式制度变迁是原制度形态逐渐为新制度形态替代的过程，激进式制度变迁是指新制度形态在短时期内迅速取代原制度形态的过程。制度渐进一般是按照局部至整体、微观至宏观、表层至内层的轨迹发展的，通常要经历较长的时间跨度，面临较多的利益冲突，涉及较广的制度安排层次；制度激进则更多地体现为制度规则的突然转换，转换时滞短，往往采取"一步走"的剧变方法。无论是渐进还是激进都会触动原有的制度原则。

（二）马克思主义的制度变迁的理论

马克思主义的经济学家把制度理解为以生产关系为基础的经济制度，以国家政权为核心的政治制度以及文化、宗教等社会制度，主要包括经济基础和上层建筑两个部分。经济基础，即生产关系部分，又称为生产关系总和上层建筑，是指建立在一定的经济基础之上的社会思想、观点以及相应的制度、设施和组织的复杂体系。上层建筑又可以分为政治上层建筑和思想上层建筑两个部分。由此可见，马克思主义所指的"制度"概念是经济基础和上层建筑的统一体（张宇 等，2002）。制度是物质生产活动的产物，随着生产力的发展而变迁。历史唯物主义认为，生产关系是人类在物质生产活动中所形成的人与人之间的社会关系。因此，它是人类物质生产活动的产物。生产关系是人类社会最基本的经济制度，它决定着其他社会制度的产生和演变，因此，从根本上看，人类社会制度是物质生产活动的产物，唯物史观深刻揭示了两条关于社会发展和制度变迁的客观规律：生产关系一定要适应生产力状况，上层建筑一定要适应经济基础的状况（马克思，1972）。

因此，从最根本上说，人类制度的变迁取决于社会生产力的发展。反过来，制度对生产力的发展又具有能动的反作用，可以促进或阻碍社会生产力的发展。其对生产力发展的能动反作用表现在两个层次上。首先，在社会生产力发展的过程中，生产关系作为人类社会最基本的经济制度，当其与生产力适应时，能够对生产力的发展起促进作用；而当其与生产力不相适应时，就会对生产力发展起阻碍作用。其次，在一定社会阶段生产力水平既定的情况下，制度内部的经济基础和上层建筑之间存在着互动机制，即当上层建筑适应经济基础的要求时，会使制度对社会生产力的发展产生促进作用；当上层建筑不适应经济基础的要求时，会使制度对社会生产力的发展起阻碍作用。生产关系作为最基本的人类社会制度，它的存在具有客观性，其产生、发展和演变不以个人意志为转移，而是由社会物质生产活动以及物质生产力所决定的。因此，社会基本制度的变迁是一种随着社会生产力的发展而自然演进的过程，而在社会生产关系的总和基础上所产生的上层建筑，则是人们为保障社会基本制度的顺利运行而"有意识"建立起的制度，这种制度从根本上说是一种社会意识；人们在顺应生产关系要求的前提下，可以对其进行理性的建构，这也就是为什么往往在同样的生产力水平和生产关系下，会形成不同的国家体制。

（三）农村基本经营制度的理论概述

对农村基本经营制度的解释具有代表性的说法有两种。一种是指以农村土地及其他生产资料的产权关系为前提的积累、分配等制度和相应的载体；另一种说法是认为农村基本经营制度包括生产关系和生产力两个方面。前者主要回答土地等生产资料的产权归属、收益分配方式和人们在生产中的地位，后者主要回答劳动的分工水平、劳动者素质及生产要素配置。根据以上两种说法，本书认为对农村基本经营制度的分析应包括产权归属、分配方式及生产力组织形式三个方面。在我国农业的发展中，农村基本经营制度贡献的具体份额虽然从定量的角度不容易衡量，但经营制度所起的重要作用是无法否认的（唐忠，2018）。农村土地等生产资料的产权属性、生产劳动的组织规模和形式以及收益分配结果的合理性对农业生产经营的经济绩效有着重要的影响，并通过对农户从事与农业相关的第一、第二、第三产业所得的可持续增加，增强其向县域城镇及中心点集聚的能力。具体来说如下：

（1）土地及其他生产资料的产权归属。构成产权的权利束对于行为主体的完备性和清晰程度，在很大程度上决定了其能否存在充分的激励去付出努力寻找更有效率的组织形式提高资源的利用效率。

（2）组织规模和劳动组织形式。不同的组织规模和劳动组织形式将带来不同的交易成本，出现不同的效率。

（3）收益分配结果的合理性。一种分配方式要对劳动者形成正的激励作用：一是要能建立起一种能对经济行为主体的劳动投入实施准确计量与考核的机制，不能准确计量劳动也就不能合理分配收益；二是要使在劳动投入上所形成的劳动成果分配份额得到真正体现，否则，就会挫伤劳动者的积极性。

第三章 罗霄山郴州片区县域城镇化发展现状

第一节 县域城镇化发展现状特征

一、新型城镇村发展布局已然形成

郴州市围绕完善市域城镇体系，以新型城镇化为引领，以美丽乡村建设为切入点，加快小城镇和中心镇建设，做大中心城区、做强县城、做特乡镇、做美乡村，着力打造城镇相连、交通便捷、就业充分、生态宜居的城乡一体化发展格局。到2021年，已经基本形成以中心城市为核心，县城为增长点，重点镇为纽带，城乡一体化为特征，布局合理、层次分明、富有活力的"市域中心城市—市域次中心城市—县域中心城市（县城）—重点镇—一般镇—美丽乡村"的城镇村等级体系。罗霄山郴州片区四县城镇村发展布局已形成明确定位。

（一）宜章县域城镇村发展体系

宜章县围绕强化中心城区的核心引领功能，充分发挥中心城区的辐射枢纽功能和各重点城镇的基础支撑功能，构建形成了"一心二极多点辐射"的城镇村发展布局。

一心：以县城区为中心，按照"城区西移、产业东扩、北融南优发展"的总体思路，构建产业布局合理、城区格局优化的县域城镇体系中心，建成郴州南部城镇群产业发展的引领核心。二极：在县城南部打造绿色经济增长极，重点发挥一六镇和梅田镇的引领作用。多点辐射：重点发展黄沙镇、天塘镇、岩泉镇、迎春镇、杨梅山镇、赤石乡、栗源镇、瑶岗仙镇、浆水乡、长村乡、笆篱镇、关溪乡和莽山瑶族乡。完善宜章县域的镇、乡、村等级结构，因地制宜促进城乡融合发展，辐射县域乡村振兴。

（二）汝城县城镇村发展体系

汝城县着力构建形成"一心、两轴、四点、五区"的城镇村发展布局。

一心：县城区为县域未来发展的重点和服务设施集中建设的核心。两轴：东西向沿夏蓉高速公路和国道 G357 线、省道 S346 线的城镇发展轴，南北向沿武深高速公路和国道 G106 线的城镇发展轴。四点：四个中心镇，即文明瑶族乡、大坪镇、暖水镇和热水镇，是县域经济发展的重要节点。五区：中部城镇经济区、西部城镇经济区、南部城镇经济区、东部城镇经济区、北部城镇经济区。

（三）桂东县城镇村发展体系

桂东县构建以县城（沤江镇）为中心、重点镇为支撑、一般城镇为骨架、美丽乡村为节点的城乡融合发展布局。

依托现有的自然条件、人文地理、资源禀赋、产业基础和主体功能区定位，拓展中心城区建设，全面升级县城交通网络，推动城市管理精细化，完善县城功能，打造宜居县城、智能县城。做大做强特色小镇，支持发展 6 个重点镇、4 个一般乡镇。坚持分类引导、择优培育、以点带面的发展模式，集中力量培育清泉镇、桥头乡茶叶特色产业小镇，以及沤江镇、寨前镇、大塘镇、沙田镇等 106 国道沿线一批特色小镇。加强省际边贸乡镇建设，加快发展特色省际边贸经济。以特色小镇为节点推动第一、第二、第三产业融合。

（四）安仁县城镇村发展体系

安仁县立足自然资源禀赋、城镇发展基础、区位交通格局和生态环境承载能力，以县城为核心，以安平镇和金紫仙镇为次中心，以三南公路为横向城镇发展走廊，永安公路和朴豪公路为纵向城镇发展走廊，以北部、中部、南部中心城镇为群，形成"一核、二次、二廊、三群"城镇村互动发展新布局。

二、城镇人口数量和城镇化率总体提升

"十三五"期间，罗霄山郴州片区四县依据循序渐进、集约发展、节约土地、合理布局的原则，在新型城镇化战略的指引下，努力冲破城乡二元结构，推动城乡、社会、经济的协调发展，城镇基础设施建设不断完善，城镇化进程逐步推进。宜章、汝城二县城镇常住人口和城镇化率呈稳步上升态势。根据表3.1、图3.1和图3.2可以看出，2020年年末，宜章、汝城两县城镇常住人口数分别达到29.21万人和15.91万人，城镇化率分别为51.38%和46.12%；与2015年相比，两县城镇人口分别增加了3.51万人和3.84万人；城镇化率比上年提高了3.84个百分点和1.88个百分点。城镇化率较"十二五"末分别提高7.78个百分点和11.03个百分点，年均分别提高1.56个百分点和2.21个百分点。

桂东和安仁两县城镇常住人口和城镇化率则呈现出前升后降态势，其中，桂东县城镇常住人口和城镇化率由2015年的9.55万人和41.04%上升到2018年的10.37万人和44.68%，此后则开始下降，到2020年，城镇常住人口显著降为6.11万人，城镇化率则降为37.93%。安仁县2015—2019年，城镇常住人口和城镇化率呈上升趋势，由2015年的16.68万人和42.21%上升到2019年的18.96万人和47.38%，城镇人口增加2.28万人，城镇化率年均提高1.29个百分点；而2020年，城镇常住人口和城镇化率则分别降至16.43万人和46.62%，城镇化率虽然比2015年要高4.41个百分点，但城镇常住人口却比2015年减少0.25万人。因此，说明近两年，桂东和安仁两县在集聚人口向城镇化转移方面出现引力不足现象。

表3.1　2015—2020年四县城镇常住人口及城镇化率情况

县	2015年		2016年		2017年		2018年		2019年		2020年	
	城镇常住人口/万人	城镇化率/%	城镇常住人口/万人	城镇化率/%	城镇常住人口/万人	城镇化率/%	城镇常住人口/万人	城镇化率/%	城镇常住人口/万人	城镇化率/%	城镇常住人口/万人	城镇化率/%
宜章	25.70	43.60	26.83	45.24	27.80	46.74	27.92	46.78	28.44	47.54	29.21	51.38
汝城	12.07	35.09	13.22	38.10	14.24	40.62	14.97	42.47	15.72	44.24	15.91	46.12
桂东	9.55	41.04	9.84	42.05	10.07	43.03	10.37	44.68	9.49	44.70	6.11	37.93
安仁	16.68	42.21	17.38	44.15	17.95	45.18	18.44	46.39	18.96	47.38	16.43	46.62

数据来源：四县《国民经济和社会发展统计公报》（2015—2020年）。

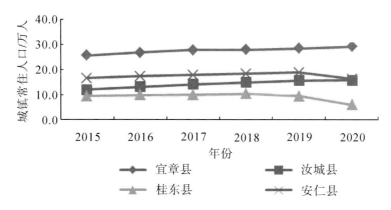

图 3.1　2015—2020 年四县城镇常住人口变化情况

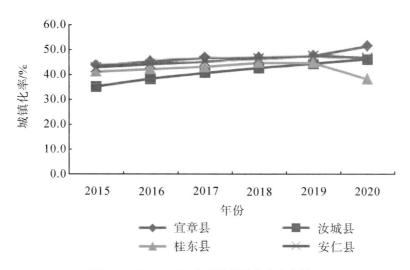

图 3.2　2015—2020 年四县城镇化率变化情况

三、城镇村产业支撑逐步完善

罗霄山郴州片区四县围绕新型工业、现代农业、商贸旅游业三个增长极，初步形成了"县有主导产业、村有重点产业、户有特色产业"的发展格局。

（一）宜章县产业发展格局

"十三五"末，宜章县第三产业占比高于"十二五"末 6.3 个百分点，2020 年社会消费品零售总额、外贸进出口总额、实际利用外资分别为80.37 亿元、8 829 万美元、22 858 万美元，比"十二五"末分别增长

8.24%、211%、83.93%。接待游客、旅游总收入分别高于"十二五"末198万人次、30.2亿元。电子商务蓬勃发展，建成电子商务产业园、创业中心和130个服务站点，电子商务交易额年均增长30%以上，获评全国电子商务进农村综合示范县。

规模工业企业累计达126家。农业基础影响力更加稳固，粮食总产量由2015年的25.35万吨增长到2020年的27.1万吨，实现连续12年增产，获评"全省粮食生产先进县"。成立全省首家脐橙类院士专家工作站，成功创建"国家林下经济示范基地""全国特色县域经济重点县""中国脐橙之乡""中国茶业百强县"等。

（二）汝城县产业发展格局

"十三五"期间，汝城县全力打造"三大产业集群""四条产业链条"，实现了产业大突破、大提升。一是新型工业取得了长足发展，新型工业产业集群4条产业链32个项目陆续推进。通过淘汰落后产能、技术改造升级，重点支持食品、茶叶、电子、建材、药业等企业加快发展以及园区调规扩区工作，实现工业转型升级和高质量发展。二是商贸旅游服务业两条产业链全速扎实推进电子商务进农村综合示范县建设，构建县乡村三级电子商务配套网络，引进了阿里巴巴、湖湘商贸、苏宁云商等15家知名电子商务企业。旅游人数2020年达815.06万人次，是2015年的1.6倍；旅游收入2020年达72.12亿元，是2015年的三倍。三是特色农业产业集群4条27个项目全部启动并开工建设。粮食、茶叶、蔬菜和水果等主导产业快速发展。

（三）桂东县产业发展格局

"十三五"期间，桂东县紧抓"现代农业、生态工业、全域旅游"三个增长极，产业体系逐步完善。一是现代农业高质发展。优质农副产品供应基地扎实推进，茶叶、药材、蔬菜、优质稻、特色小水果5大产业示范区建设稳步推进，特色农业规模不断扩大。二是生态工业高效发展。坚守"绿色环保、生态高效"工业发展底线，工业集中区建设设施不断完善，园区承载能力不断提升。成功引进众意竹木、中核牛郎山风电、湘特尔体育用品、嘉业电子、德古文化、同航织带、虹海光电等一批生态企业。2020年新引进入园企业7家，总数达到61家。三是全域旅游高速发展。全域旅游、康养基地、民宿基地等项目扎实推进，全县民俗覆盖12个乡镇（场）、总数达402家，床位近万个，基本形成"桂东金凤凰"的全域旅游发展格局。2020年全县接待游客311.87万人次，实现旅游综合收入29.63亿元。

（四）安仁县产业发展格局

经过"十三五"期间的大力发展，安仁县现代产业体系初步形成。一是农业发展方面，安仁作为农业强县，农业一直是其主导产业。2020年，粮食播种面积达到44.1千公顷，粮食产量达到30.28万吨，共有农产品加工企业640家。"十三五"期间，全县农产品加工企业实现销售收入年均增长15%以上。二是工业经济稳步发展，培育形成电子、新材料、新能源、中药材加工、装配式建筑等五大新兴产业，战略性新兴产业增加值占GDP比重达到20%。三是全域旅游、康养基地、民宿基地等项目扎实推进，全域旅游环境初步形成，获得全国森林康养基地试点建设单位、全国电子商务进农村综合示范县、省精品旅游线路重点县等荣誉称号。

四、城镇村管理水平不断提升

"十三五"期间，郴州环境治理取得成效，城乡居民生存坏境得到改善。截至2020年年底，建成国家级自然保护区2个（宜章县莽山、桂东县八面山）、国家地址公园3个（其中有宜章县莽山）、国家湿地公园4个（其中有安仁县永乐江），全市森林覆盖率达68.1%，汝城县被评为国家园林县城。城乡污水处理能力不断提升，城市双修、农村双改取得积极进展。

1. 宜章：县城坚持"东扩、西拓、南提、北接"，新城区建设加快推进，完成农村危房改造10 156户。莽山水库顺利下闸蓄水、并网发电，莽山水库PPP建设模式受到国务院表彰。"气化湖南"长输管线宜章段基本完工。建成城市山体绿化圈和玉溪河风光带、宜章人道景观带、县城二水厂、污水处理厂（二期）工程等，获评"全国县镇供水工作先进单位"。乡村振兴开创新局面，梅田矿务文化小镇、天塘茶旅小镇、一六温泉小镇等特色小镇建设步伐加快，双溪、林家排、水尾、月梅、黄家塝、沙坪6个村入选第五批中国传统村落名录，腊元、黄家塝、白石渡、碕石等5个村被评为省级历史名村。梅田镇被列入全省新型城镇化试点镇。宜章县成功被列入湖南省第一批产城融合示范区试点县。

2. 汝城：基础设施日益完善，全面推进水、电、路、讯、房"五个全覆盖"，城市主干道建设、给水排水、污水处理、供水供气等一批项目完成建设，成功创建"四好农村路"省级示范县。完善14个乡镇重点区域修建性详细规划，热水镇、文明瑶族乡、泉水镇等特色小镇建设加快推进。大力开展美丽乡村建设，全县已经拥有中国传统村落16个，中国历史文化名村 3 个，湖湘风情文化旅游小镇 4 个。

3. 桂东：城乡供水一体化工程全面升级，农村安全饮水问题基本解决、农村居民安全饮水达标率 100%，县城污水管网工程、城乡电网改造工程、城乡供水设施建设工程、农村危房改造工程、易地扶贫搬迁等惠民项目顺利实施，综合承载能力不断增强。

桂东县成功打造了沙田全国重点镇、四都省级特色镇、寨前花卉苗木特色镇、大塘古镇和清泉、桥头茶叶特色镇。沙田镇入选"湖南省首批经典文化村镇"和"湖南省第五批省级历史文化名镇"，沙田镇龙头村入选"第五批中国传统村落"，沤江镇青竹村、金洞村、四都镇角塘村被评为"省级美丽乡村示范村"，沤江镇青竹村、金洞村获评"湖南省休闲农业集聚发展示范村"，沤江镇金洞村获评"中国美丽休闲乡村"。

4. 安仁：国省干线公路、农村公路通畅工程有新的发展，水利工程、安全饮水工程加快推进，农村基础设施日益完善。深入推进城乡环境综合整治，农村垃圾集中处理率达到 96% 以上，生态环境持续改善。小城镇建设和美丽乡村建设全面推进，安平镇创建为全国小城镇建设重点镇，山塘村获评"中国美丽休闲乡村"，乔石村、源田村、高陂村、新丰村、赤滩村获评"省级美丽乡村"。

第二节　县域城镇化建设存在的问题

一、城镇化率增长速度缓慢

首先，从郴州市与湖南省及省内相关城市的比较来看，由表 3.2 数据显示，2020 年郴州市城镇化率为 58.18%，与 2010 年 41.17% 的城镇化率相比，郴州市城镇化率增长了 17.01%，年平均增幅 1.70%。总的来看，"十二五"以来，郴州市城镇化呈上升态势，从湘南地区衡阳、郴州和永州三市城镇化率变化的数据比较来看，郴州市的数据在 2010—2020 年都要高于永州市，相对于衡阳市来说，在 2015 年后，郴州市城镇化率逐年都要高于衡阳市（见图 3.3）。同时，与湖南省平均城镇化率相比较（见图 3.4），差距从 2010 年的 1.6 下降到 2020 年的 0.58。但与湖南省平均水平横向比较，郴州市城镇化水率仍然偏低，尽管总体上差距缩小，但各年差距呈现不稳定状态。由图 3.4 可以看出，2010—2016 年，差距呈明显下降趋势，但 2016—2019 年又显著拉大，2020 年又很快缩小。此外，与省内长株潭三市比较（见图3.3），郴州市城镇化发展相对滞后。2010年长沙、株洲和湘潭三市的城镇化率分别为67.69%、55.48%和50.11%，而同时期郴州的城镇化率只有41.7%，比长沙、株洲和湘潭分别低了25.99、13.78和8.41个百分点，而2020年长沙、株洲和湘潭三市的城镇化率分别为82.6%、71.26%和64.37%，比郴州仍然高出24.42、13.08、6.19个百分点。当然，从年均增长幅度来看，有缩小的趋势，如从2010年到2020年长沙的年均增长额度为1.25%，而郴州却为1.37%。因此，与省内横向比较，尽管郴州市的城镇化率还较为落后，但发展空间较大，在今后的城镇化发展规划中可以发挥自身比较优势，实现快步追赶。

表3.2　2010—2020年郴州市与湖南省及省内其他主要城市城镇化率变化情况

省、市	2010年	2011年	2012年	2013年	2014年	2015年	2016年	2017年	2018年	2019年	2020年
湖南	43.3	45.1	46.65	47.96	49.28	50.89	52.75	54.62	56.02	57.22	58.76
长沙	67.69	68.49	69.38	70.6	72.34	74.38	75.99	77.59	79.12	79.56	82.6
株洲	55.48	57.48	59.1	60.12	61	62.1	64.09	65.67	67.15	67.91	71.26
湘潭	50.11	52.08	54.02	55.1	56.55	58.28	60.25	62	62.88	63.81	64.37
衡阳	44.5	46.99	47.9	48.1	48.52	49.2	51.07	52.46	53.61	54.93	54.27
郴州	41.7	43.3	45.28	47.03	48.5	50.34	52.25	53.8	54.88	56.04	58.18
永州	35.38	37.94	39.87	41.26	42.55	44.25	46.3	48.25	49.69	50.9	46.94

数据来源：《湖南省统计年鉴》（2011—2021）。

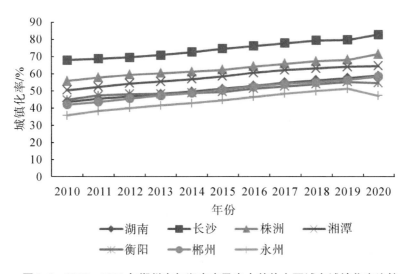

图3.3　2010—2020年郴州市与湖南省及省内其他主要城市城镇化率比较

图 3.4　2010—2020 年郴州市与湖南省城镇化率差距变化

从郴州市各县（市、区）城镇化率的变化情况来看，由于区域人口、资源禀赋和基础设施等要素的差异，郴州市各县（市、区）城镇化发展呈现较大差异。截至 2020 年年底，郴州市各县（市、区）的城镇化率数据见图 3.5，全市十一个县（市、区）中有北湖区、苏仙区、资兴市的城镇化率位于前三位，三市的城镇化率分别为 81.73%、73.84% 和 66.5%，都大大超出了郴州市和湖南省平均水平，尤其是北湖区和苏仙区已经到了相当发达的程度，主要原因是北湖区和苏仙区的地域很大一部分位于郴州城区，是郴州市政治、经济、文化、商贸、物流、金融的中心，吸纳劳动力就业的能力强，从而促进了人口城镇化的增长。

罗霄山郴州片区四县中，由图 3.5 显示，宜章位于郴州市第六，安仁、汝城、桂东则位于末三位。其中，宜章作为郴州市域次中心城市发展对象之一，近年来，城镇化率和排名虽有所提高，但相对于其独特的区位、郴州"大十字"城镇群的重要极核及资源和生态优势，发展潜力仍然有待进一步激发，以便为城镇化水平不断提升提供强有力保障，充分彰显其在郴州市城镇群社会经济发展和城镇建设的的责任担当。而安仁、汝城、桂东2020 年的城镇化率分别为 46.62%、46.12% 和 37.93%，与郴州市和湖南省平均水平有相当大差距，其中最高的北湖区城镇化率与最低的桂东县城镇化率相差 43.8%。因此，安仁、汝城、桂东应当进一步抓住当前国家强力推进乡村振兴和新型城镇化战略的有利机遇，进一步破解地理位置较偏僻、交通不便、经济发展落后的瓶颈，实现城镇化水平的跃升。

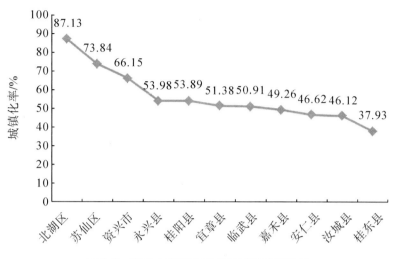

图3.5　2020年郴州市各县市城镇化率比较

二、城镇化率与工业化率不平衡

城镇化率是城镇人口与总人口的比率，可以从人口的角度表明某一地区城镇化水平。本书用城镇常住人口占总人口比例作为城镇化率测定标准。工业化率是工业增加值占全部生产总值的比例，可以从产值上说明某一地区工业化的发展水平。配第-克拉克定律表明，随着国民经济的发展，劳动力逐步由第一产业向第二产业转移，当人均国民收入提高到一定高度时，劳动力开始逐渐转向第三产业。本书将第二产业增加值占国内生产总值（GDP）的比例作为一个特定区域工业化发展水平的测评标准。

从城镇化与工业化相互依存关系的角度来看，二者的关系模式可分为三种：同步城镇化、过度城镇化、滞后城镇化。同步城镇化表现为两者协调均衡发展，相互促进。过度城镇化则表现为城镇化超前于工业化发展，城镇人口急剧膨胀，城市建设滞后，城市提供的就业机会和基本生活条件匮乏，造成严重的"城市病"，失业、贫民窟、生存环境等问题突出。滞后城镇化指的是城镇化水平落后于工业化水平，引发了经济结构失调、内需拉动软弱、工业乡土化、离农人口"两栖化"、生态环境恶化、进城人口无法市民化等问题。在这三种模式中，只有两者均衡发展才是一个地区城镇化发展的最优模式，才能实现两者的相互促进、协调发展。

国际上对工业化和城镇化协调关系的度量，有两种采用较为广泛的指标：IU 和 NU 。IU 为工业化率和城镇化率的比值，NU 是劳动力非农化率和城镇化率的比值。研究表明，当城镇化和工业化均衡发展时，IU 值接近 0.5，NU 值接近 1.2。本书采取指标 IU 对罗霄山郴州片区及四县城镇化与工业化的均衡性进行了分析。国际研究表明，当城镇化和工业化发展较为均衡时，IU 值稳定在 0.5 左右，表示进入城市的农业人口可以很好地被城市中的工业吸纳；若该值显著小于 0.5 时，说明进入城市的农业人口不能完全被城市中的工业吸纳，城市化发展超前，呈现过度城镇化态势；若该值显著大于 0.5 时，说明在城市工业中从事就业的劳动力仍然分布在农村地区，城市化发展滞后。

（一）郴州市层面程度分析

2020 年，面对新冠肺炎疫情防控、决战脱贫攻坚、决胜全面建成小康社会、"十三五"规划等，郴州市上下着力畅通双循环，加快构建新发展格局，扎实做好"六稳"工作，全面落实"六保"任务，统筹疫情防控和经济社会发展，经济运行逐季改善、逐步恢复常态。全年全市地区生产总值 2 503.07 亿元，按可比价格计算，比上年增长 3.6%。其中，第一产业增加值 283.72 亿元，增长 4.3%；第二产业增加值 967.30 亿元，增长 3.6%；第三产业增加值 1 252.06 亿元，增长 3.4%。第一产业增加值占地区生产总值比重为 11.3%，第二产业增加值占地区生产总值比重为 38.7%，第三产业增加值占地区生产总值比重为 50.0%。地区生产总值居全省第六位，第二产业增加值居全省第七位，人均地区生产总值居全省第六位。其中，宜章、汝城、桂东、安仁四个县属于罗霄山片区脱贫攻坚县，44.1 万贫困人口已经实现全面脱贫。

表 3.3 为 2010—2020 年郴州市工业化与城镇化率的 IU 值。总体来看，郴州市的 IU 值始终大于 0.5，说明在城市工业中从事就业的劳动力仍然分布在农村地区，表明郴州的城镇化进程始终落后于工业化进程，表现为滞后城镇化。将 IU 值与标准值 0.5 相比较，求出其与标准值的差距。如得出与标准值的偏差为正数，表示城镇化滞后于工业化；如为负数，则表示出现了过度城镇化。从 2010 年以来郴州 IU 值与标准值偏差情况来看，郴州的城镇化一直滞后于工业化，偏差值一直处于 32%～164%，表现为较高的失衡状态。当然，同时可以看到，2010 年以来，郴州 IU 值与标准值的偏差呈现稳步下降态势，尤其在"十三五"期间，下降较高，2020 年该值已为 32%。

表 3.3　2010—2020 年郴州市城镇化率和工业化率及 IU 值

指标	2010年	2011年	2012年	2013年	2014年	2015年	2016年	2017年	2018年	2019年	2020年
工业化率	54.9	57.7	57.9	57.4	56.8	54.7	52.9	46.4	45	38.3	38.7
城镇化率	41.7	43.3	45.28	47.03	48.5	50.34	52.25	53.8	54.88	56.04	58.18
IU 值	1.32	1.33	1.28	1.22	1.17	1.05	0.98	0.86	0.82	0.68	0.66
与标准值的偏差/%	164	166	156	144	134	110	96	72	64	36	32

本书从产业结构角度分析了郴州市 IU 值呈现此种趋势的原因。根据工业化与城镇化相互作用规律，在工业化初期，工业化发展对城镇化进程具有巨大的直接促进作用；从进入工业化中期开始，第二和第三产业协同促进着城镇化发展。根据图 3.6 数据来看，2010 年以来，郴州市三次产业结构中，第一产业保持在 10%左右，第二产业占比具有绝对优势，说明郴州市处于第二、第三产业协同推进城镇化发展的阶段。其中，2016 年以前，第二、第三产业协同推进中，第二产业居于主动地位，此后，第三产业在协同推进中的主动地位上升。这一变化结果反映出"十三五"期间，郴州市进一步优化了经济结构，促进工业转型升级、服务业发展、重点项目建设、招商引资四年行动计划等系列举措的推出，使得全市经济高质量发展迈出坚实步伐。2020 年，人均地区生产总值达到 52 632 元，比"十二五"末提高 9 950 元，农业生产保持稳定发展，农产品加工业产值达到 1 067 亿元。工业提质升级，石墨新材料、电子信息等九大产业链初具规模。规模以上工业增加值年均增长 7.2%。服务业比重达到 50%，第三产业成为拉动经济发展的重要力量。文化旅游产业迈上千亿台阶，国家新型城镇化综合改革试点扎实推进。郴州"大十字"城镇群集聚带动作用进一步提升。

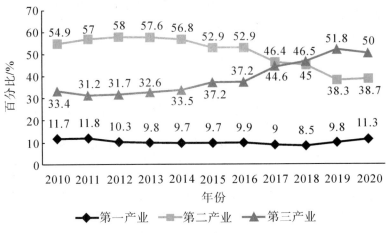

图 3.6　2010—2020 年郴州市三次产业结构变化情况

（二）罗霄山郴州片区四县层面程度分析

以 2020 年为基准年，本书通过对宜章、汝城、桂东和安仁四县的 IU 值来测度了各自的城镇化工业化均衡度，如表 3.4 所示。下面用同样的方法分析了 2020 年四县城镇化与工业化协调发展的状况。根据 3.4 表数据可以看出，宜章、汝城、桂东、安仁四县的 IU 值分别为 0.66、0.57、0.66 和 0.66，IU 值与标准值的偏差分别为 32%、14%、32% 和 32%，这说明这些地区的工业化水平显著超前于城镇化水平，城镇化发展滞后，这与郴州市的实际情况是相吻合的。

表 3.4　2020 年四县城镇化率和工业化率及 IU 值

县	工业化率/%	城镇化率/%	IU	与标准值的偏差/%
宜章	34	51.38	0.66	32
汝城	26.4	46.12	0.57	14
桂东	25	37.93	0.66	32
安仁	30.74	46.62	0.66	32

三、城镇集聚效应不足

郴州市各县域城镇聚集辐射效应整体较弱，要素集中和产业集群发展能力不强。首先，郴州"大十字"城镇村内部各城市分工协作不强，聚集能力较弱，能够带动全区域经济快速增长的增长极相对短缺。市县、城镇、城乡之间在经济发展、产业结构、基础设施建设等方面都不同程度地存在结构趋同、重复建设、资源浪费等问题，严重制约着区域城镇联动发展效应。同时，城镇中心区域与乡村的地理连接不够紧密。其次，小城镇规模仍然偏小，建设水平不高。小城镇集聚非农产业的作用发挥不明显。城镇发展的经济基础是各类企业，其为小城镇的发展提供了经济支撑和发展载体。有关资料表明，农村城镇企业增加值每增加1亿元，就可使小城镇人口城镇化水平提高6个百分点；农村小城镇企业聚集在6.85%以上时，企业聚集度每增加10个百分点，农村城镇化水平提高1.1个百分点。由于全市大部分小城镇企业在当地城镇化进程中主导作用不突出，城镇通过产品扩散、技术扩散等形式对周围地区所起的组织、协调作用难以发挥，城镇经济的辐射功能不强。因而小城镇对农村人口和劳动力的吸引力不强，致使城市化进程缓慢。

另外，郴州小城镇虽经多年建设，城镇功能有所提高，但与经济发展的需求仍有差距。城镇功能不完善，综合承载能力不强。一是城镇功能分区不够合理。部分城镇没有相对集中的建成区，主要依托过境公路发展，城镇房屋沿国道、省道等建设，生产与生活功能混杂。二是基础设施建设不够完善。部分城镇排水、污水设施未成体系，小城镇污水处理不到位，垃圾无害化处理设施不完备。镇区内停车场地及交通信号标志、道路指示标志等比较短缺；消防等综合防灾配套设施缺乏。三是服务设施不够健全。居民休闲娱乐、文化生活等设施有的配套不足，有些小城镇无大型商贸或专业大市场等。

四、农业人口进城落户的积极性有所下降

近年来，我国农民进城落户的意愿有所下降，罗霄山郴州片区四县也不例外。有些农户在城市购房或是为了子女上学需要，或是出于对城市生活的向往和对成为城市居民的美好期待。现实情况是，很多农民在购房后，成为"两栖"居民，并没有从身份上完全融入城镇化的进程。从经济学的角度考察农户可知，其进城落户的意愿之所以下降，还是因为其在对成本和收益进行比较后做出了理性选择。

一是，需要重视农业转移人口家庭化迁移的能力问题。在个人能力和各方面的限制使其还无法实现在城市正常进行家庭生活之前，落户自然不会提到大多数农业转移人口的日程上来。对于农村居民来说，进城打工和

落户城市是两回事。现实中，许多农民工没有一技之长，无法长期在城市立足生活。对于他们来说，或许有一天，真的失去可靠的支撑保障的时候，乡村可能就是其最后生存和保障的选择地，所以其落户意愿自然也较低。二是，随着农民居民生活水平的提高，以及国家一系列强农惠农政策的落实、农村社会保障的逐步完善、乡村人居环境的日益美好，一些农户可能更愿意把生与斯、长于斯的乡村作为养老地，以实现其叶落归根的朴素情怀；甚至一些农民认为城镇户口不如农村户口优越，不愿意进城落户。三是，一些农民担心落户城镇后，自己原先拥有的附着在土地上的权益、宅基地权益、集体收益权也会随之失去。这种对原有农村所拥有利益的保留诉求，也会影响到其落户城镇的意愿。

因此，对于农业人口落户城镇意愿的降低，我们要充分考虑到县域城镇化推进的长期性、复杂性和艰巨性。城镇化的推进绝不是将农民户口由乡村向城镇一转了之，而要充分考虑如何让进城落户人口通过在城镇就业能获得让其过上至少比原先在乡村所过生活更好的更高的收入；构建起户口迁出后原先在乡村所拥有的系列权益的接续机制，以解决农民进城落户的权益保障顾虑；如何从体制机制上确保进城农民真正地无障碍地享受到与城市居民同等的待遇，还有许多工作要做。当这些条件都得到了很好的落实时，农民自会做出更为理性的选择的。当然，农民落户城市与否，最终要让农民自主选择，绝不能不顾农民意愿，用行政命令强制落户，那样就可能出现农民"被上楼""被城镇化"等问题，反过来还会阻碍县域城镇化的有序推进。

第四章 罗霄山郴州片区县域城镇化发展的影响因素分析

第一节 县域城镇村建设的基础条件

一、政策支持条件

当今世界正经历百年未有之大变局，世界经济、政治格局变化加快，科技与产业革命日新月异。国际力量对比深刻调整，和平与发展仍然是时代主题，人类命运共同体理念深入人心；同时国际环境日趋复杂，不稳定性不确定性明显增加，新冠肺炎疫情影响广泛深远，经济全球化遭遇逆流，世界进入动荡变革期，单边主义、保护主义、霸权主义对世界和平与发展构成威胁。后疫情时期全球化走势、产业链结构、开放合作方式将不断调整变化。在国际形势深刻变化大背景下，近年来，党和国家以及湖南省委省政府、郴州市委市政府对于如何推动乡村振兴和新型城镇化发展出台了一系列的宏观规划。这些规划为罗霄山郴州片区四县乡村振兴和新型城镇化协同发展提供了强有力的政策支持。

（1）从国内看，中共中央、国务院印发的《乡村振兴战略规划（2018—2022 年）》首次提出了城镇化与乡村振兴"双轮驱动"，并要聚焦攻坚区精准发力，革命老区、民族地区、边疆地区、集中连片特困地区的乡村，到 2050 年如期实现农业农村现代化。2021 年中央一号文件《中共中央、国务院关于全面推进乡村振兴加快农业农村现代化的意见》指出，脱贫攻坚目标任务完成后，从脱贫之日起设立 5 年过渡期，做到扶上马送一程。过渡期内，保持现有主要帮扶政策总体稳定，合理把握节奏、力度和时限，逐步实现由集中资源支持脱贫攻坚向全面推进乡村振兴平稳过渡，推动"三农"工作重心历史性转移，确保工作不留空当、政策不留空白。党的十八大报告提出：坚持走中国特色新型工业化、信息化、城镇化、农业现代化道路，推动信息化和工业化深度融合、工业化和城镇化良性互动、城镇化和农业现代化相互协调，促进工业化、信息化、城镇化、农业现代化同步发展。2014年《国家新型城镇化规划（2014—2020年）》发布，国家层面的政策为乡村振兴和新型城镇化持续推进提供了多方面优势和条件。

（2）从湖南看，该省区位优势明显、科教资源丰富、产业基础厚实、人力资源丰富，长江经济带发展、中部地区崛起等国家战略提供了区域发展新机遇，共建"一带一路"、自贸试验区建设等引领开放新格局，新型工业化、信息化、城镇化、农业现代化同步发展创造经济增长新空间。进入新发展阶段，湖南省委旗帜鲜明地提出实施"三高四新"战略，开启了全面建设社会主义现代化新湖南的新征程。

（3）从郴州看，习近平总书记考察郴州，赋予了郴州传承红色基因、推进绿色发展的使命，郴州发展面临巨大机遇，蕴含巨大潜能。国家可持续发展议程创新示范区、中国（湖南）自由贸易试验区郴州片区、对接粤港澳大湾区、湘南湘西承接产业转移示范区、湘赣边区域合作示范区建设、国家扶贫开发、罗霄山片区开发以及郴州市国民经济和社会发展"十四五"规划中明确提出要通过新型工业、现代农业、现代服务业"三业并举"，促进城镇镇区、工业园区、特色农业区"三区同建"，实现县域经济大发展，以宜章县、汝城县、桂东县和安仁县为核心打造湘赣边乡村振兴示范区。这些政策将继续给四县经济发展提供支持，为脱贫攻坚成果巩固拓展、乡村振兴和新型城镇化战略有效实施创造良好条件。

二、自然资源和环境条件基础

（一）区位交通优势渐显

郴州区位优势独特，位于湖南省东南部，地处南岭山脉与罗霄山脉交错、长江水系与珠江水系分流的地带。"北瞻衡岳之秀，南直五岭之冲"，自古以来为中原通往华南沿海的"咽喉"。既是"兵家必争之地"，又是"文人毓秀之所"。东界江西赣州，南邻广东韶关，西接湖南永州，北连湖南衡阳、株洲，素称湖南的"南大门"。

郴州交通便利，四通八达。京广铁路、京广高速铁路、京珠高速公路、厦蓉高速公路、107国道、106国道、省道1806线、1803线和郴资桂高等级公路等纵横境内。北上长沙，南下广州，可以朝发午至。人流物流畅通无阻。罗霄山郴州片区四县宜章、汝城、安仁、桂东区位交通优势表现如下：

1. 宜章县。宜章位于湖南省郴州市南端，自古以来就是湘粤交通的主干道，史称"楚粤之孔道"，今有"南大门"之称。是湘粤对接第一城、内陆对接沿海地区的前沿阵地、沟通"泛珠三角"经济区的重要纽带。全县边界总长491.3千米，其中有三面16个乡镇287千米与粤北的乳源、阳山、乐昌、连州四个县市相连。县域内初步形成了以高速公路、国省干线、铁路为骨架，以乡村公路为脉络，以主要客货站场为连接点的综合交通网络。出县通道四通八达，极大地满足了居民出行的需要，也为宜章连接粤港澳实现产业转移，拉动经济增长起到了良好的铺垫作用。

2. 汝城县。汝城县位于郴州市东南部，地处郴州、韶关、赣州"红三角"的中心，是重要的交通要道，素有内为"衡宝门户，外抚赣粤咽喉"之称，同时接受"珠三角"和"闽三角"经济区的辐射和带动。境内厦蓉高速、湘深高速和106国道、324省道贯穿全境，南下广州、深圳，北上长沙，东至厦门，均可朝发午至。东邻江西省崇义县，南界广东省仁化县、乐昌市、西接宜章县、北接资兴市、桂东县。

3. 桂东县。桂东县位于郴州市东部，地处湘赣边界，处罗霄山脉南端，南岭北麓，诸广山西翼，八面山东侧。东北至东南面依次与江西省遂川、上犹、崇义县毗连，南与汝城县相邻，西与资兴市交界，西北与炎陵县接壤。桂东县处于环长株潭城市群与珠三角城市群之间，有着接纳沿海发达城市产业转移的有利条件；同时地处"红三角"区域，毗邻井冈山爱国主义教育基地。近年来，经过各方面努力，已经形成了较为便利的交通网络，交通四通八达。平汝高速公路纵贯全境，北上长沙，南抵广州；G106国道沟通南北，北上株洲，南下汝城；S201、S344、S561三条省道连接东西，西接资兴，东至江西。区域交通枢纽的区位优势极为突出。2019年，桂东县可通车公路里程2 026.139千米，其中国道60.678千米，省道138.504千米，县道288.012千米，乡镇道175.204千米，村道235.703千米，组道1 128.038千米。

4. 安仁县。"神农故郡，南国药都"安仁县位于湖南省东南部，罗霄山脉西麓，是郴州的"北大门"，因《论语》"仁者安仁"而得县名。是国家首批认定的革命老区县、中央苏区振兴发展联动地区县。东界茶陵、炎陵县，南邻资兴、永兴，西连耒阳、衡阳，北接衡东、攸县，素有"八县通衢"之称。境内有闽南经湘南至赣南的国道"三南公路"横跨东西，有连接郴州、株洲两地的省道线纵贯南北，有从安仁西部禾市乡深入衡山县的省道线接通京珠高速公路交通网络，茶陵界化垄至安仁华王观音角线纵贯全县，国道线、京珠高速公路和铁路京广线、醴茶线傍境而过。北上长沙，一日往返，过境香港，朝发夕至。水道交通便捷，永乐江由东南向西北贯穿安仁县7个乡镇，于衡东县草市镇白茅洲村汇入洣水，为洣水一级支流。

（二）生态优势突出

贯穿湘赣边区的罗霄山脉是长江支流赣江和珠江支流东江的发源地、我国南方地区重要生态安全屏障护区（张玉双 等，2020）。罗霄山片区，植被丰富，气候条件好，拥有得天独厚的生态资源，大部分区域内县（市、区）森林覆盖率均在55%以上，其中13个县森林覆盖率达70%以上。罗霄山郴州片区四县生态资源丰富，优势突出。

1. 宜章县。宜章县地形以山地和丘陵为主，属亚热带季风性湿润气候区。气候介于岭南、岭北之间，冬季虽受北方冷空气影响，气温较岭南低，但因县北部有骑田岭等大山作为屏障，削弱了北方冷空气的强度。以骑田岭为界，往往南晴北雨，南热北寒，岭北大雪，岭南微雪，冬季气温明显高于湘中湘北。宜章县总的气候特点是：四季分明，春早多变，夏热期长，秋短温冬，冬无严寒，霜雪不多；热量丰富，降水集中，但雨量分布不均，夏秋易涝易旱。晴久则隆冬亦暖，雨久则盛夏生寒。宜章县的春季要早于湖南大部分地区。夏季气温高，但无酷暑。

宜章县生物资源品种繁多，水稻有灿、粳两大类，共有20多个品种；旱粮有红薯、玉米、大豆、小麦、高粱等30余个品种；经济作物有柑橘、脐橙、荷叶、烤烟、苎麻等180多个品种；县内矿产资源丰富，已经发现的矿产资源有36种，即煤、铁、锰、钦、钨、锡、锑、铅、锌、铜、铝、秘、镁、铝、汞、金、银、担、妮、破、错、铀、牡、砷、石墨、硅石、水晶、萤石、硫铁矿、钾长石、石灰石、白云石、大理石、花岗石、高岭土、耐火黏土。宜章县是全国重点产煤县之一和湖南省煤炭基地之一。铁矿资源以褐铁矿为主，赤铁矿和磁铁矿次之，铁矿保有资源万吨；锰矿资源以硬锰为主，软锰次之，总储量万吨；钨矿资源工业储量万吨；锑矿资源储量万吨；铅锌矿资源探明储量万吨。

2. 汝城县。汝城县地处亚热带气候，自然条件十分优越，使其拥有得天独厚的自然条件。汝城县的矿产资源、水电资源、生物资源等都十分丰富，其中首屈一指的便是地热资源，汝城县内，地热资源相当丰富，其境内的热水温泉是华南地区"流量最大、水温最高、水质最好、面积最广"的天然热泉，地热目前已经成为汝城县的重要经济产业和独特的风景旅游亮点，其中"灵泉"，是我国中南六省最大的热田，是湖南省流量最大、水温最高、开发利用前景最好的天然热泉。汝城县是一个富有十足活力的资源富城。据统计，汝城县已探明储量的矿产达 30 余种，被誉为"有色金属之乡"。

汝城县域内水电资源相当丰富，县域内有 696 条河流，流域里程达 1 766.2 千米，水能理论蕴藏量十分巨大。汝城县还是有名的生态绿城。县域内保有原始次生林 13 万亩，是湖南省重点林区县，这充分地保证了生物的多样性，其中九龙江国家森林公园拥有华南地区保存最好、物种最多的原始次生林，被誉为"南岭植物王国"。

3. 桂东县。桂东县植被保护完好，原始森林和次生林密布，全县森林覆盖率超过 82%，居全省之首，是限制开发的南岭山地森林及生物多样性国家重点生态功能区。境内保存有国内最大的银杉、铁杉群落，珍稀野生动植物种类和数量均居湖南省之冠，是一个典型的生物王国、基因宝库。全县冬暖夏凉，是名副其实的"天然氧吧、自然空调"和远近闻名的"养生天堂、避暑胜地"，拥有"全国负氧离子含量最高的县"和"中国最佳生态旅游示范县"的靓丽名片。

2012 年 8 月经上海大世界基尼斯总部检测，境内负氧离子含量平均为每立方厘米 25 272 个，创世界基尼斯纪录。2014 年荣获"中国深呼吸小城 100 佳"称号；PM2.5 指数常年平均保持在每立方米 7 微克（杨香军，2020）。

4. 安仁县。安仁土地肥沃，物产富饶，有丰富的水利资源、山地资源、生物资源和矿产资源。境内水稻、茶叶、烟草、食用菌、中草药材等丰富资源，冠有"全国粮食主产县""全国商品粮基地县""中国食用菌之乡"等诸多称谓，是郴州的"粮仓"。"神农尝百草，灵药在安仁"，安仁的药材以其品种多、药性好闻名省内外，"春分药王节"更是全国独特的药文化风景线，被誉为"南国药都"。主要农作物有水稻、小麦、玉米、红薯、高粱、棉花、大豆、花生、芝麻、油菜、灯芯草、食用菌等，饲养家畜有猪、牛、羊等十余种。特殊养殖有甲鱼、野猪、野鸡、蛙类等。主要矿产资源有钢、钴、铜、铁、金、煤、石墨、滑石、红柱石、大理石、石膏等，其中红柱石的储藏量最为丰富，预计资源量有万吨以上，堪称江南之最。安仁县水系发达，河道纵横，其中主干河流永乐江自南向北纵贯县境。

（三）历史文化传承独特

郴州历史文化底蕴深厚，红色文化旅游资源丰富，11个县市区都是革命老区，全部纳入原中央苏区振兴发展联动区。其中，罗霄山郴州片区宜章、汝城、桂东、安仁四县有着丰富的红色资源和光荣的革命传统。著名红色文化资源有：汝城县沙洲村—中央红军长征"半条被子"故事发生地旧址、湘南起义旧址群—汝城会议旧址、湘南起义宜章年关暴动指挥部旧址、宜章县邓中夏故居（亮公祠）、宜章县—中央红军长征突破第三道封锁线指挥部旧址—邝氏宗祠（清白堂）、桂东县—毛泽东同志颁布《三大纪律·六项注意》旧址、桂东县红军长征首发纪念地、安仁县—唐天际故居、安仁县—井冈山会师路线决策地—轿顶屋、安仁县—朱德"拴马桩"遗址—赵家祠等。

另外有宜章莽山瑶族文化，宜章矿山文化，汝城古祠堂群，汝城县民族特色文化，安仁县神农文化、民宿文化、宗教文化，桂东县中国相思地等丰富的历史文化资源，这些为其社会经济发展带来了巨大的潜力。

三、社会经济发展基础

（一）经济总量不断增加、经济结构持续优化

"十三五"期间，宜章、汝城、桂东和安仁四县的地区生产总值从2016年的2 000 613万元、568 290万元、307 867万元和830 947万元分别增长到2020年的2 202 308万元、914 210万元、461 554万元和1 149 541万元。从图4.1可以看出，2016—2019年，四县地区生产总值年均增长率保持在8%左右。2020年，面对新冠肺炎疫情的冲击和复杂严峻的国内外环境，四县坚持以习近平新时代中国特色社会主义思想为指导，深入贯彻习近平总书记考察湖南、考察郴州重要讲话精神，坚决落实党中央、省和市系列决策部署，科学统筹疫情防控和经济社会发展，扎实做好"六稳"

工作，落实"六保"任务，使县域经济有序推进，宜章、汝城、桂东和安仁四县的地区生产总值仍然比上一年分别增长 3.9%、4.1%、2.9% 和 3.9%，各县经济呈现增速稳步回升的良好态势。

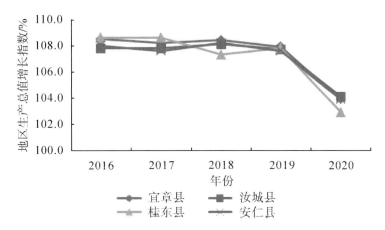

图 4.1　2016—2020 年罗霄山郴州片区四县地区生产总值年度增长指数变化曲线

与此同时，四县经济结构持续优化，质效不断改善。表 4.1 和表 4.2 显示，2016 年宜章、汝城、桂东和安仁的三次产业比分别为 10.81：39.72：49.47、22.6：33.2：44.2、17.0：24.8：58.2 和 22.7：37.12：40.18，2020 年四县的三次产业比分别为 12.9：34.0：53.1、19.3：26.4：54.2、14.9：25.0：60.1 和 22.48：30.74：46.78。总体来说，2016—2020 年，四县第二、第三产业增加值总占比呈上升趋势。其中，四县各年第三产业增加值占绝对优势，且呈上升趋势，这也说明四县独具特色的旅游、休闲观光资源对县域经济发展有重要拉动作用；除个别年份以外，第二产业增加值变化不大；另外，汝城和安仁两县各年第一产业增加值占比还比较高；2020 年，四县的第三产业占比都比上一年有所回落，而第一产业占比则有所上升，这可能与受到疫情冲击、服务业受到影响有一定的关联。

表 4.1　2016—2020 年罗霄山郴州片区四县第一、第二、第三产业增加值

单位：万元

县	产业层次	2016 年	2017 年	2018 年	2019 年	2020 年
	第一产业	216 307	198 235	204 576	237 493	284 544
宜章	第二产业	794 684	860 403	870 367	744 735	748 137
	第三产业	989 622	1 133 712	1 237 377	1 177 712	1 169 627

表4.1(续)

县	产业层次	2016 年	2017 年	2018 年	2019 年	2020 年
汝城	第一产业	128 549	120 055	123 448	147 822	176 888
	第二产业	188 749	205 877	215 063	226 565	241 800
	第三产业	250 992	288 448	314 320	500 179	495 522
桂东	第一产业	52 275	47 113	48 502	57 203	68 742
	第二产业	76 327	81 347	90 707	96 868	115 623
	第三产业	179 265	215 922	229 397	279 526	277 189
安仁	第一产业	187 865	176 129	181 519	214 871	258 387
	第二产业	301 467	329 609	346 392	347 442	353 415
	第三产业	341 615	390 880	417 808	522 170	537 739

数据来源：《湖南统计年鉴》（2017—2021 年）。

表 4.2　2016—2020 年罗霄山郴州片区四县三次产业结构变化情况

县	2016 年	2017 年	2018 年	2019 年	2020 年
宜章	10.81：39.72：49.47	10.20：38.75：51.05	8.85：37.64：53.51	11：34.5：54.5	12.9：34.0：53.1
汝城	22.6：33.2：44.2	21.3：32.8：45.9	18.9：32.9：48.2	16.9：25.9：57.2	19.3：26.4：54.2
桂东	17.0：24.8：58.2	15.5：23.1：61.4	13.2：24.6：62.2	13.2：22.3：64.5	14.9：25.0：60.1
安仁	22.7：37.12：40.18	21.46：35.93：42.61	19.19：36.63：44.18	19.81：32.03：48.16	22.48：30.74：46.78

数据来源：四县《国民经济和社会发展统计公报》（2016—2020 年）。

（二）规模工业发展取得一定成效

宜章：2020 年，全县规模以上工业总产值 156.6 亿元，比上年增长 6.3%；规模以上工业增加值比上年增长 4.4%。规模工业企业累计达 126 家。

汝城：2020 年全部工业增加值 173 016 万元，比上年增长 4.3%；规模以上工业增加值增长 4.3%。在规模以上工业中，分经济类型看，国有控股企业增加值增长 11.3%；股份制企业增长 7.4%，外商及港澳台商投资企业增长 8.1%。分门类看，采矿业增长 10%，制造业增长 1.5%，电力、热力、燃气及水生产和供应业下降 7.8%。省级及以上产业园区工业增加值增长 5.2%。

桂东：2020 年实现工业增加值 7.6 亿元，增长 3.6%，其中规模以上工业增加值 3.4 亿元，增长 3.6%；规模以下工业增加值 4.2 亿元，增长 2.5%。

安仁：2020 年全县工业总产值 86.16 亿元，增长 0.7%。其中规模以上工业总产值 72.35 亿元，增长 7.9%；规模以下工业总产值 13.81 亿元，增长 2.8%。规模以上工业增加值增长 7.6%，规模以下工业增加值增长 2.7%。

（三）四县农村基本经营制度创新势头良好

1. 我国农村基本经营制度变迁的经验总结

新中国成立以来，我国农村基本经营制度大致经历了土地改革、农业合作化、人民公社化及家族联产承包责任制四个时期。土地改革，中国农地所有制发生了根本变化，实行了农民土地所有制，确立了个体农户经营的体制，大大调动了农民的生产积极性，有力地促进了新中国成立初期我国国民经济的恢复与发展。农业集体化通过组建农业生产合作社等形式，实现了农业的社会主义改造，使土地等生产资料由私有变为集体所有，形成了统一的集体化组织。诚然，由此建立起的农业经营体制对于尽快实现国家工业化的战略目标以及国家的独立和自强，发挥了巨大的作用。但是，人民公社体制下农业经营效率低下的弊端也日益显现出来。家庭联产承包经营在中国农村的广泛推行，使农村的生产组织功能发生了重大变迁，人民公社的集体生产组织逐步被农户取代。家庭联产承包经营激活了农村劳动者的生产积极性，让劳动者的智能和体力得到了充分的发挥，显示出较好的经济绩效。梳理我国农村土地以及其他生产资料的产权归属、农村生产力组织形式及农村经济收益分配关系的变动轨迹及其对农业发展的影响，对于当前我国巩固脱贫攻坚成果，实施乡村振兴行动，推动现代农业经营组织创新和现代经营体系构建，实现农业农村现代化，具有重要的现实价值。

由表 4.3 和表 4.4 可以总结我国农村基本经营制度变迁的基本经验如下：

（1）制度变迁的波动性与经济绩效之间具有密切联系。

（2）政府与农户对制度的认同感一致时对农业发展具有正向推动作用。政府意识形态偏好在农村基本经营制度变迁的历程中留下的痕迹非常深刻，而农业的绩效无不与政府和农民对制度的认同感的离合相对应。

（3）农村基本经营制度效率的高低，可能有多种原因，但一个重要原因是农户对土地等生产资料拥有的产权情况所带来的激励、劳动的计量与考核机制健全与否、劳动成果份额占总收入比例的大小，组织规模和劳动组织形式的不同所导致的交易成本的高低。

（4）农村基本经营制度应在坚持土地集体所有制的基础上，积极推进农村土地产权制度的创新。农村基本经营制度是我国社会主义基本经济制度的重要组成部分，中国特色社会主义基本经济制度要求农村土地的公有制属性不能改变。事实上，新中国成立后，通过社会主义改造，农村土地始终是坚持了集体所有制这一政策不改变的取向，农村基本经营制度创新的关键是要在坚持土地集体所有制不变不动摇的基础上，如何进一步推进经营权、收益权及与之相对应的处置权等土地权能的创新。在这一点上，我们要尊重农民的首创精神、试错和选择。

表 4.3　改革开放前农村基本经营制度变迁的特征总结

阶段	土地改革	农业合作化			人民公社
		互助组	初级社	高级社	
政府与农户对制度的认同感	一致	一致	较一致	不一致	不一致
农户土地产权归属	所有权、使用权、收益权、处置权	所有权、使用权、收益权、处置权	所有权、收益权、处置权	部分（使用权和收益权）	大公社时期：无；调整后的人民公社时期：极小部分（使用权、收益权）
劳动计量和劳动成果份额的体现程度	无需劳动计量，劳动成果份额明确	极少量的评工计分，劳动成果份额明确	评工计分，采用短期包工或季节包工制，劳动成果份额有所减弱	评工计分，采用定额计件，劳动成果份额不明确	大公社时期：供给制与工资制相结合；调整后的人民公社时期：按照高级社时期的工分制的原理计量劳动；劳动份额极不明确
生产力组织形式	以农户家庭为单位组织劳动	平均为几户，成员以家庭邻舍为单位组织	平均为二三十户，成员由长期共处于同一社区的农户组成，农户有退社权	社均接近200户左右，成员突破了同一社区的范围，社员被"锁定"在高级社中	规模非常大，公社成员被剥夺退出权
对农业发展在影响	良好	良好	较好	负面	低效率

表 4.4　改革开放后农村基本经营制度变迁的特征总结

阶段	家庭联产承包责任制的建立	家庭联产承包责任制的创新		
		农业产业化经营	农村税费制度改革	农机具购置补贴、农资综合补贴、良种补贴、粮食直补
政府与农户对制度的认同感	一致	一致	一致	一致
农户土地产权归属	使用权、收益权、部分处置权	所有权归农村集体所有，使用权逐渐演变为承包权和经营权，一部分农户继续拥有承包权和经营权，并有收益权和处置权；另一部分农户只拥有承包权，并将经营权流转出去，只拥有有限的收益权和处置权		
劳动计量和劳动成果份额的体现程度	无须计量劳动，劳动成果份额明确	获取第一、第二、第三产业利润，劳动成果份额明确	劳动成果份额更加明确和扩大	农户分享以工促农、以城带乡的利益
生产力组织形式	统分结合，双层经营，农户为基本经营单位	统分结合，双层经营，对农户家庭经营规模外延上的扩张，使得农户与市场实行有效的连接，减少了农民进入市场的成本	统分结合，双层经营，对家庭联产承包经营的稳定和加强	统分结合，双层经营，助推农业适度规模化经营
对农业发展的影响	良好	良好	良好	良好

（5）农村基本经营制度的完善创新要主动顺应马克思主义政治经济学关于生产关系与农村生产力发展相适应这一原理的要求。纵观中国农村基本经营制度发展变化历程，其实就是农村基本经营制度这一重要生产关系与农村生产力发展相调适的过程（王骏 等，2018）。土地改革后，农民家庭经济体制的确立，大大调动了农民生产积极性，有力地促进了新中国成立初期国民经济的迅速恢复和发展。但是，农民虽然分得了土地，只是表明广大农民获得了生存的条件，要在经济上彻底摆脱贫困、走向富裕，就必须通过正确的引导，逐步改变这种分散的个体的自给自足的小生产方式。土地改革后，农村的合作化运动从临时互助组和常年互助组发展到初级农业生产合作社，克服了广大农民在生产要素不足的条件下发展生产的瓶颈，符合农民的利益和要求。但随着高级农业合作社的到来，并很快进入人民公社，农民的土地无代价转归集体所有，实行统一经营，集体劳动，按劳分配的制度，主要生产经营活动纳入国家计划轨道。城乡二元结构使亿万农民被束缚在土地上，他们的生产经营积极性和首创精神受到了

挫伤，农业生产长期处于裹足不前的状态。党的十一届三中全会后，我国对不适应生产力发展要求的人民公社体制进行了改革，冲破了旧体制的束缚，建立了家庭联产承包与统分结合的经营体制。这种体制适应了改革开放之初我国农村生产力水平的要求，广大农户拥有了土地的经营自主决策权，大大激发了其生产经营的积极性和首创精神；同时，还发挥了集体经济在一些统一经营中的优势。随着我国社会主义市场经济体制的建立和完善，以工促农、以城带乡的态势已然形成。农业生产的规模化、专业化、商品化是我国农业生产发展的新去向。这同样需要我们在中国共产党的领导下，主动求变，顺应生产力发展要求推进农村基本经营制度的创新。改革进程中，仍然需要我们尊重农民的首创精神和选择。

根据以上总结，紧密联系当前乡村振兴与新型城镇化双轮驱动下的县域经济发展，更需要农村基本经营制度在新的历史条件下的不断创新发力，以通过农业农村现代化的实现为县域城镇化的推进提供强大动力和准备。进入农业农村发展新阶段，我国以家庭联产承包经营为基础、统分结合的双层经营体制将会焕发出更大的生机并被赋予新的内涵。在这一农村新一轮改革浪潮中，农民专业合作社和家庭农场将会是农村基本经营制度发展的基本方向。这需要我们从以下几个方面做好物质、技术和心理的准备。一是进一步推进农业农村的市场化改革，大力发展商品经济、活跃农村市场，畅通城乡要素流动渠道，创新农户与市场连接的通道，激发农民参与市场竞争的兴趣。二是要大力发展新型工业化、信息化、新型城镇化，使之与农业现代化实现协同发展，为一部分农民进城务工务业创造条件，并最终让一部分农民通过努力进城安家落户实现市民化。与此同时，为一部分仍然留在土地上进行农业生产经营的农民向专业大户、种粮大户发展创造物质装备、技术和机械化、电气化等生产条件准备。三是要创新对新型农业经营主体的培育方式，培养新型现代职业农民。从思想上为小农向现代职业农民转变做好心理准备。

2. 四县现代农业经营主体发展势头良好

（1）宜章：2020 年，全县农产品加工企业 630 家；年末县级以上农业龙头企业 89 家，其中，省级 5 家，市级 18 家。实现企业总产值 39.84 亿元，比上年增长 6.9%；实现销售收入 27.18 亿元，比上年增长 5.0%；实现利润 2.72 亿元，比上年增长 6.7%。年末农民专业合作经济组织 1 106 个，专业合作社成员 3.6 万人，家庭农场 885 个；实现休闲农业经营收入

21.46 亿元，比上年下降 3.4%。

（2）汝城：2020 年，全县农产品加工企业 61 家，其中国家级及省级龙头企业 9 家。农产品加工企业实现销售收入 222 360 万元，比上年增长 9%。农产品加工企业实现利税 836 万元，增长 10%；农产品加工企业实现利润 13 176 万元，增长 8%。休闲农业经营收入 37 400 万元，增长 10%。农民专业合作社 611 个，农民专业合作社成员 16 639 户。家庭农场 529 个，三品一标农产品认证个数 63 个，其中无公害农产品 30 个，绿色食品 32 个，农产品地理标志 1 个。休闲农业经营主体个数 143 个，休闲农业和乡村旅游接待人次 64 万人次，增长 15%。高标准农田建设面积 2.83 亩。

（3）桂东：新型农业经营主体培育良好，2020 年全县有农业产业龙头企业 36 家，农民专业合作社 604 家，家庭农场 31 家。

（4）安仁：2020 年，全县共有农产品加工企业 640 家，其中国家级及省级龙头企业 5 家。农产品加工企业实现销售收入 66.5 亿元，比上年增长 8.7%；实现利润 4.4 亿元，增长 4.8%；休闲农业经营收入 0.48 亿元，下降 81.5%。全县共有农民专业合作社 833 家，合作组织成员 4.6 万人，家族农场 2 677 个。

（四）城乡居民收入水平日益提升

"十三五"期间，罗霄山郴州片区四县在脱贫攻坚、新型城镇化、乡村振兴和全面建成小康社会等发展战略和实践推动下，城乡居民生活水平不断提高，农村居民收入增长速度快于城镇居民收入增长速度。2015—2019 年，宜章、汝城、桂东和安仁的城镇居民人均可支配收入分别从 2015 年的 23 886 元、16 952 元、15 872 元和 19 315 元增长到 2019 年的 32 396.1 元、23 473.2 元、22 005.8 元和 26 693.5 元，四县年均增长率分别为 7.92%、8.4%、8.46% 和 8.4%；宜章、汝城、桂东和安仁农村居民人均纯收入分别从 2015 年的 7 215 元、7 560 元、7 081 元和 8 215 元增长到 2019 年的 10 556.4 元、10 949.6 元、10 533.2 元和 12 070.0 元，四县年均增长率分别为 10.06%、9.84%、10.42% 和 10.1%。2020 年，四县经受住了新冠肺炎疫情和复杂严峻的国内外环境所带来的经济下行压力的考验，城镇居民人均可支配收入增长率分别为 4.9%、5.2%、5.7% 和 5.0%，农村居民人均纯收入增长率分别为 8.1%、8.1%、7.9% 和 7.8%。由图 4.2 可以看出，随着城乡居民人均收入的不断增长，城乡居民收入的差距也在逐步缩小。

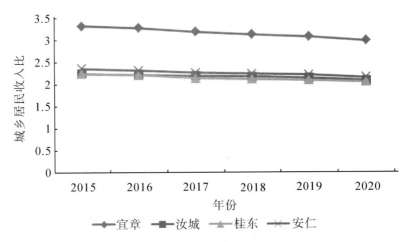

图 4.2　2015—2020 年四县城乡居民人均收入比变动趋势

第二节　县域城镇化发展影响因素的灰色关联分析

一、研究方法与数据来源

（一）灰色关联度分析法

灰色关联度分析法是由华中理工大学邓聚龙教授于 1982 年首先提出的一种系统科学理论。其中的灰色关联分析法是一种判断因素之间关联程度的新的方法，它的基本思想是根据序列曲线几何形状的相似程度来判断其联系是否紧密；一般地，曲线越接近，相应序列之间的关联度就越大，反之就越小（王庚 等，2008）。根据灰色关联分析法，可以找到主要特性和主要影响因素，该方法计算关联度的步骤如下：

1. 确定参考序列和比较序列。

参考序列指反映系统行为特征的数据序列见式（4.1）。

$$x_0(k) = \{x_0(1), x_0(2), \cdots, x_0(n)\} \qquad (4.1)$$

比较序列是影响系统行为的因素组成的数据序列，见式（4.2）。

$$x_i(k) = \{x_i(1), x_i(2), \cdots, x_i(n)\} \qquad (4.2)$$

式（4.2）中，$k = 1, 2, \cdots, n$；$i = 1, 2, \cdots, m$。

2. 对原始数据采用均值化变换作无量纲化处理，得到均值化序列 $x_0(k)$ 和 $x_i(k)$。

3. 计算关联系数。

将每个序列与参考数据列相减，得到绝对差值 $\Delta_i(k) = |x_0(k) - x_i(k)|$，并且从中找出最小绝对差值 $\Delta_{\min}$ 和最大绝对差值 $\Delta_{\max}$：

$$\Delta_{\min} = \min[\min \Delta_i(k)]$$

$$\Delta_{\max} = \max[\max \Delta_i(k)]$$

关联系数的计算公式为：

$$\varphi_i(k) = \frac{\Delta_{\min} + \rho \Delta_{\max}}{\Delta_i(k) + \rho \Delta_{\max}} \qquad (4.3)$$

式（4.3）中，ρ 为分辨系数，常数取 0.5。

4. 灰色关联度计算公式如下：

$$\theta_i = \frac{1}{n} \sum_{k=1}^{n} \varphi_i(k) \qquad (4.4)$$

然后，根据各影响因素对系统行为特征的关联度及年度关联系数进行排序，并进行评价分析。

（二）数据来源及处理

本书运用 2010—2020 年时间序列数据，分析了罗霄山郴州片区四县相关因素对城镇化率的影响。研究数据主要来自《湖南省统计年鉴》（2011—2021 年）、《郴州统计年鉴》（2011—2021 年），本书定义宜章、汝城、桂东及安仁四县城镇化率为城镇化发展水平。

首先，选定好影响罗霄山郴州片区四县城镇化率变动的各个因子。关于城镇化发展的影响因素，国内外很多学者对此展开了大量的研究。其次，借鉴以往相关研究成果及城镇化内涵、特征，并结合罗霄山郴州片区四县城镇化发展的实际情况，本书遵从相关性、完备性、综合性、可得性四个原则选取了经济增长、产业结构、收入水平、基础设施等方面共 7 个具体指标，构建了罗霄山郴州片区四县城镇化发展水平的影响因素指标体系。

（1）经济增长。大量研究表明，城镇化与县域经济增长二者关系密切，城镇化是由经济发展引致的要素、生产、交换和消费向城镇集聚的过程，是资源汇集、规模经济产生作用的结果，经济的发展为地区城镇化提供原动力，城镇化与经济发展互相影响。理论上，一般县域经济发展水平越高，其县域城镇化水平也就越高，县域城镇化发展很大程度上受到县域经济增长水平的重要影响。因此，县域经济发展水平反映了县域城镇化发展的财力支持情况。

（2）产业结构。产业结构是人口迁移的基础，产业结构的优化调整为农村人口迁入城镇提供路径。从世界各国国民经济和农业发展的情况来看，随着社会生产力的进步和农业劳动生产率的提高，农业现代化的发展必然极大地节约劳动力，促进农业生产规模化经营和农业产出的不断提高，大量农村剩余劳动力迁移至城镇。工业化和城镇化具有高度相关性，工业发展提供了大量就业岗位，提高了劳动力收入，为城镇化提供了一定的经济支撑。同时，工业化带来了产业结构的转变，进而带动城镇化水平的提高。产业结构升级，城镇生产性服务和消费性服务大量增加，并增加了大量就业机会，吸纳了大量劳动力，因此服务业的发展与城镇化也有正向关系（梁洁，2020）。

（3）收入水平。居民收入水平是人口迁移、地区城镇化发展最根本的动力。对农村居民来说，收入水平提高可以增强其在城市的购房能力并促进消费等，从而有助于推动城镇化的发展；对城镇居民来说，收入水平可以反映其生活水平，生活水平的改善可以增加消费、休闲、住房等需求，这些同样也可以促进城镇化的发展（周冲 等，2013）。同时城镇化的发展会带动居民收入的提高，二者相辅相成。

（4）基础设施。基础设施是城镇内部相互联系的枢纽，基础设施建设的完善与否，决定着城镇布局是否合理、城镇功能是否完善、综合承载能力是否充足，进而影响城乡之间资源和要素能否顺利流动（蒋时节 等，2009）。其对城镇居民的生活水平和生活环境的改善有着重要的作用，是保障城镇人口生活水平的基本条件，也是巩固城镇化水平的重要措施。

二、测算结果分析

根据以上分析，从经济增长、产业结构、收入水平、基础设施四个方面选择影响 $x_0(k)$ 为城镇化率的七个因子：$x_1(k)$ 为人均 GDP（经济增长），$x_2(k)$ 为第一产业占 GDP 比重（产业结构），$x_3(k)$ 为第二产业占 GDP 比重（产业结构），$x_4(k)$ 为第三产业占 GDP 比重（产业结构），$x_5(k)$ 为城镇居民人均纯收入（收入水平），$x_6(k)$ 为农村居民人均纯收入（收入水平），$x_7(k)$ 为固定资产投资（基础设施）。本书在对城镇化发展影响因素进行分析时，以 Excel 2007 对数据进行运算和处理，并运用 Matlab 软件对城镇化率与各影响因素之间的关联度进行分析，探讨各影响因素对城镇化率变化的作用。

（一）宜章县城镇化率与各影响因素之间的关联度测算结果分析

根据前述建模机理，本书首先对宜章县城镇化率及各影响因素的原始数据作均值化无量纲处理，得到均值化无量纲处理结果（见表4.5），然后运用 Matlab 软件计算宜章县城镇化率与7个主要影响因素的灰色关联系数，结果见表4.6。由表4.6可知，2010—2020年各个影响因素对城镇化率的关联度从高到低依次排序为：城镇居民人均纯收入>第三产业占 GDP 比重>人均 GDP>农村居民人均纯收入>第二产业占 GDP 比重>固定资产投资>第一产业占 GDP 比重。对表4.6中7个影响因子与城镇化率的灰色关联系数进行排序，得到宜章县城镇化率影响因素的年度关联系数排序情况（见表4.7）。

表4.5　2010—2020 年宜章县城镇化率与相关影响因素原始数据的均值化处理结果

年份	$x_0(k)$	$x_1(k)$	$x_2(k)$	$x_3(k)$	$x_4(k)$	$x_5(k)$	$x_6(k)$	$x_7(k)$
2010	0.831 749	0.368 520	1.711 112	1.261 798	0.505 726	0.593 926	0.376 904	0.368 672
2011	0.862 417	0.556 206	1.311 464	1.298 397	0.588 910	0.683 336	0.448 965	0.401 378
2012	0.889 600	0.626 233	1.218 342	1.309 109	0.608 997	0.776 282	0.537 481	0.545 933
2013	0.919 106	0.880 256	0.900 953	1.025 462	1.002 943	0.815 422	0.832 252	0.737 007
2014	0.962 088	0.996 756	0.853 616	1.013 187	1.030 357	0.889 643	0.926 868	0.907 995
2015	1.012 968	1.084 114	0.830 335	0.948 468	1.105 979	0.959 845	1.023 470	1.085 054
2016	1.051 071	1.189 611	0.841 199	0.910 083	1.143 318	1.045 317	1.129 860	1.178 687
2017	1.085 921	1.297 675	0.791 535	0.864 780	1.206 415	1.122 351	1.244 336	1.228 002
2018	1.086 850	1.364 115	0.686 772	0.840 008	1.264 550	1.205 372	1.363 776	1.370 451
2019	1.104 507	1.270 606	0.853 616	0.769 933	1.287 946	1.301 814	1.497 402	1.528 052
2020	1.193 723	1.365 908	1.001 058	0.758 775	1.254 861	1.606 693	1.618 686	1.648 769

表4.6　2010—2020 年宜章县城镇化率与相关影响因素的关联系数

年份	$x_1(k)$	$x_2(k)$	$x_3(k)$	$x_4(k)$	$x_5(k)$	$x_6(k)$	$x_7(k)$
2010	0.493 3	0.337 7	0.512 2	0.581 7	0.657 5	0.498 0	0.493 4
2011	0.597 2	0.501 2	0.508 7	0.624 6	0.719 9	0.522 1	0.494 5
2012	0.633 6	0.579 7	0.518 4	0.618 1	0.805 5	0.562 6	0.568 6
2013	0.930 8	0.972 9	0.815 8	0.850 9	0.819 8	0.846 0	0.716 4

表4.6(续)

年份	$x_1(k)$	$x_2(k)$	$x_3(k)$	$x_4(k)$	$x_5(k)$	$x_6(k)$	$x_7(k)$
2014	0.939 0	0.812 6	0.907 6	0.876 9	0.869 8	0.938 0	0.902 1
2015	0.872 0	0.715 8	0.883 5	0.836 2	0.903 9	0.989 5	0.870 4
2016	0.770 4	0.685 8	0.767 1	0.837 4	1	0.859 1	0.785 2
2017	0.683 8	0.606 8	0.674 1	0.795 2	0.935 6	0.744 8	0.765 7
2018	0.621 3	0.530 4	0.648 8	0.721 5	0.798 0	0.621 6	0.615 9
2019	0.735 3	0.645 0	0.575 3	0.714 9	0.699 3	0.535 0	0.516 0
2020	0.728 0	0.704 4	0.509 3	0.889 4	0.522 4	0.515 2	0.497 8
关联度	0.728	0.645	0.666	0.759	0.794	0.694	0.657
关联序	3	7	5	2	1	4	6

表4.7 2010—2020年宜章县城镇化率与相关影响因素的年度关联系数排序

年份	$x_1(k)$	$x_2(k)$	$x_3(k)$	$x_4(k)$	$x_5(k)$	$x_6(k)$	$x_7(k)$
2010	6	7	3	2	1	4	5
2011	3	6	5	2	1	4	7
2012	2	4	7	3	1	6	5
2013	2	1	6	4	3	5	7
2014	1	7	3	5	6	2	4
2015	4	7	3	6	2	1	5
2016	5	7	6	3	1	2	4
2017	5	7	6	2	1	4	3
2018	6	7	3	2	1	5	4
2019	1	4	5	2	3	6	7
2020	2	3	6	1	4	5	7

根据表4.6和表4.7，综合分析不同因素对宜章县城镇化率的影响，分析讨论如下：

（1）从经济增长方面来看，人均GDP对城镇化率的影响从2010年的0.493 3增加到2014年的0.939 0，此期间排名也呈显著上升趋势，达到2014年的第一位，但此后到2018年各年份，排名却出现显著下降，2019

年和 2020 年又分别跃升为第一、第二位。总的来说经济总量的增加给县域财力的增加、居民收入的增加提供了很好的源动力。但是，从数据的变动对比来看，人均 GDP 对城市化的推动作用不稳定，并没有显示出高水平状态，因此，解决如何发展经济，从而为民生改善、城镇化发展提高强大助力，这个问题尤为迫切。

（2）从产业结构来看，比较第一、第二、第三产业占 GDP 比重与城镇化率的关联系数可知，除了个别年份以外，三次产业各年份关联系数相差不大，说明三次产业对城镇化发展的影响呈现出基本均衡的状态。相对来说，第三产业占 GDP 比重较高，除了 2010 年为 0.581 7 以外，其他各年份都较高，其中在 0.7 以上的年份有 9 个，位列前三名的年份有 8 个，2020 年最高为 0.889 4；但 0.9 以上的没有，说明第三产业占 GDP 比重对于宜章县域城镇化发展的作用不断显现，但仍然有待进一步发展，以便充分发挥其对城镇化的拉动作用。而第一、第二产业的关联度总排名分别为第七和第五，在 0.8 以上的年份第一产业 2 个，第三产业 3 个，其他年份，第二、第三产业的关联系数都不高，说明仍然需要进一步加快现代农业发展和充分利用宜章的资源优势发展新型工业化。

（3）从收入水平来看，城镇化率与城镇居民人均纯收入的关联系数在 0.79 以上的年份有 8 个，2010—2016 年，城镇居民人均纯收入对城镇化率的影响呈显著增加趋势，说明城镇居民人均收入的增加对城镇居民改善生活居住条件、增加休闲娱乐设施需求有积极的作用，从而促进了县域城镇化的发展；而在 2016 年以后，连续 3 年关联系数排列在第一，但关联系数出现明显下降趋势。这说明了通过进一步稳就业政策的实施，努力增加城镇居民收入，以使其在城市安居乐业的重要性。城镇化率与农村居民人均纯收入的关联系数在 2010—2016 年不断上升，此后，又有所下降，说明农村居民人均纯收入的增加对农村人口的乡城转移有着典型的正向推动作用，但如何通过第一、第二、第三产业融合协调发展，努力增加农民收入，推动农民在城镇、园区、农业产业化各链条就业获得可持续性收入，为其向城镇有序转移提供基础保障仍然需要重点助力。

（4）从固定资产投资来看，其与城镇化率的关联系数在 2010—2018 年总体上升，主要是近年来宜章作为郴州市次中心城市的目标定位，随着郴州"大十字"城镇群的建设，以及县域内交通、市政基础设施等的大力改善，为城镇化推进提供了基础保障，但 2019 年、2020 年下降为第七位又说明，在城镇化基础设施建设方面应该顺应乡村振兴和新型城镇化发展的新需要，不断加大力度。

（二）汝城县城镇化率与各影响因素之间的关联度测算结果分析

本书首先对汝城县城镇化率及各影响因素的原始数据作均值化无量纲处理，得到均值化无量纲处理结果（见表4.8），然后运用 Matlab 软件计算汝城县城镇化率与 7 个主要影响因素的灰色关联系数，结果见表4.9。由表4.9 可知，2010—2020 年各个影响因素对城镇化率的关联度从高到低依次排序为：城镇居民人均纯收入>第三产业占 GDP 比重>人均 GDP>农村居民人均纯收入>固定资产投资>第一产业占 GDP 比重>第二产业占 GDP 比重。对表4.9 中 7 个影响因子与城镇化率的灰色关联系数进行排序，得到宜章县城镇化率影响因素的年度关联系数排序情况（见表4.10）。

表4.8　2010—2020 年汝城县城镇化率与相关影响因素原始数据的均值化处理结果

年份	$x_0(k)$	$x_1(k)$	$x_2(k)$	$x_3(k)$	$x_4(k)$	$x_5(k)$	$x_6(k)$	$x_7(k)$
2010	0.744 384	0.480 300	1.216 659	1.047 942	0.855 631	0.612 255	0.298 480	0.323 582
2011	0.781 436	0.633 097	1.209 376	1.090 463	0.826 642	0.698 024	0.354 165	0.391 494
2012	0.815 145	0.710 534	1.038 234	1.137 117	0.876 014	0.788 610	0.420 088	0.534 780
2013	0.869 191	0.791 308	1.024 124	1.128 258	0.889 829	0.826 277	0.864 442	0.720 884
2014	0.918 779	0.882 533	0.990 442	1.099 911	0.928 330	0.899 032	0.960 382	0.891 013
2015	0.977 561	0.954 682	1.015 021	1.031 702	0.968 417	0.971 902	1.060 390	1.055 156
2016	1.061 415	1.035 519	1.028 676	0.980 324	1.001 029	1.055 493	1.167 411	1.144 310
2017	1.131 620	1.108 612	0.969 504	0.968 512	1.039 531	1.144 244	1.277 377	1.284 003
2018	1.183 158	1.168 611	0.860 264	0.971 465	1.091 620	1.242 626	1.401 230	1.400 847
2019	1.232 468	1.555 797	0.769 231	0.764 771	1.295 450	1.345 768	1.535 882	1.559 143
2020	1.284 843	1.679 004	0.878 471	0.779 535	1.227507	1.415 771	1.660 155	1.694 789

表4.9　2010—2020 年汝城县城镇化率与相关影响因素的关联系数

年份	$x_1(k)$	$x_2(k)$	$x_3(k)$	$x_4(k)$	$x_5(k)$	$x_6(k)$	$x_7(k)$
2010	0.498 1	0.355 1	0.462 8	0.707 3	0.669 0	0.368 5	0.382 2
2011	0.641 9	0.378 2	0.458 3	0.864 1	0.765 9	0.378 6	0.400 6
2012	0.720 5	0.541 1	0.448 0	0.821 0	0.922 0	0.397 4	0.482 9
2013	0.778 7	0.631 5	0.503 0	0.941 9	0.870 9	1	0.642 0

表4.9(续)

年份	$x_1(k)$	$x_2(k)$	$x_3(k)$	$x_4(k)$	$x_5(k)$	$x_6(k)$	$x_7(k)$
2014	0.891 0	0.793 7	0.593 4	0.981 7	0.945 0	0.874 8	0.917 9
2015	0.934 2	0.887 2	0.839 1	0.983 2	0.996 5	0.767 3	0.779 4
2016	0.924 1	0.901 9	0.771 3	0.822 3	0.995 5	0.717 7	0.767 1
2017	0.933 8	0.621 0	0.619 1	0.746 7	0.970 3	0.646 1	0.635 5
2018	0.963 3	0.447 2	0.554 3	0.747 9	0.824 7	0.546 8	0.547 3
2019	0.446 9	0.359 6	0.357 3	0.815 5	0.703 4	0.462 9	0.444 3
2020	0.398 0	0.390 6	0.339 6	0.830 34	0.671 1	0.409 9	0.388 5
关联度	0.739	0.573	0.541	0.842	0.849	0.597	0.581
关联序	3	6	7	2	1	4	5

表 4.10　2010—2020 年汝城县城镇化率与相关影响因素的年度关联系数排序

年份	$x_1(k)$	$x_2(k)$	$x_3(k)$	$x_4(k)$	$x_5(k)$	$x_6(k)$	$x_7(k)$
2010	3	7	4	1	2	6	5
2011	3	7	4	1	2	6	5
2012	3	4	6	2	1	7	5
2013	4	6	7	2	3	1	5
2014	4	6	7	1	2	5	3
2015	3	4	5	2	1	7	6
2016	2	3	5	4	1	7	6
2017	2	6	7	3	1	4	5
2018	1	7	5	2	3	6	4
2019	4	6	7	1	2	3	5
2020	4	5	7	1	2	3	6

根据表 4.9 和表 4.10，综合分析不同因素对汝城县城镇化率的影响，分析讨论如下：

（1）从经济增长方面来看，人均 GDP 对城镇化率的影响从 2010 年的 0.498 1 增加到 2018 年的 0.963 3，此期间排名也呈显著上升趋势，达到 2018 年的第一位，2019 年和 2020 年关联系数下降较多，分别为 0.446 9 和 0.398 0。这说明，2010 年以来，汝城县在经济总量的纵向比较中取得了很大进步，为城镇化的发展提供了强大的动力，但是就区域经济发展的横向比较来看，其经济总量对于城镇化发展的要求来说仍然有较大差距。

（2）从产业结构来看，比较第一、第二、第三产业占 GDP 比重与城镇化率的关联系数可知，第三产业占 GDP 比重各年份都较高，只有三个年份为 0.7~0.8，说明 2010 年以来，汝城县在商贸服务业方面的发展进步为城镇化水平的提升提供了有力的支撑。同时，第一产业占比的排名总体上比第二产业要高，这也表明，近年来，汝城县农业发展的质量不断增强，现代农业发展对于产业结构的优化作用不断显现，农村居民收入增加的动力日益凸显；但与此同时，其工业化发展水平仍然较为落后，从而制约着城镇化的发展。

（3）从收入水平来看，城镇居民人均纯收入与城镇化率的关联系数普遍较高。城镇居民人均收入增加对汝城县城镇化发展的推动力较强，这也得益于近年来汝城县商贸服务业的发展在城镇居民就业岗位提供、收入增加等方面做出了重要贡献。2010 年以来，农村居民人均纯收入总体上呈上升趋势，由 2010 年的第六位上升到 2020 年的第三位，2013 年排名第一位，这表明现阶段，汝城县作为县域农业主导型发展类型，第一产业发展优化对于农民收入增加的带动作用仍然不错。但是，从各年度关联系数的具体数值来看，其整体上不太高，这也说明在农村居民转化为城镇居民的过程中，其收入增加的支撑层面缺乏可持续性。

（4）从固定资产投资来看，其与城镇化率的关联系数从 2010 年的 0.382 2 增加到 2014 年的 0.917 9，此后各年逐步下降。至 2020 年时，降至 0.388 5，因此，尽管汝城县近年来随着脱贫攻坚、新型城镇化战略的实施，基础设施的建设取得了长足的进步，区域交通等优势不断显现，但其面对新型城镇村发展的新要求，仍然需要进一步加大投入力度，积极争取政府和社会各层面的支持，着力提升县域基础设施建设水平，以满足乡村振兴和新型城镇化发展的要求。

（三）桂东县城镇化率与各影响因素之间的关联度测算结果分析

本书首先对桂东县城镇化率及各影响因素的原始数据作均值化无量纲处理，得到均值化无量纲处理结果（见表 4.11），然后运用 Matlab 软件计算汝城县城镇化率与 7 个主要影响因素的灰色关联系数，结果见表 4.12。由表 4.12 可知，2010—2020 年各个影响因素对城镇化率的关联度从高到低依次排序为：第三产业占 GDP 比重>城镇居民人均纯收入>第一产业占

GDP 比重>人均 GDP>第二产业占 GDP 比重>农村居民人均纯收入>固定资产投资。对表 4.12 中 7 个影响因子与城镇化率的灰色关联系数进行排序，得到桂东县城镇化率影响因素的年度关联系数排序情况（见表 4.13）。

表 4.11　2010—2020 年桂东县城镇化率与相关影响因素原始数据的均值化处理结果

年份	$x_0(k)$	$x_1(k)$	$x_2(k)$	$x_3(k)$	$x_4(k)$	$x_5(k)$	$x_6(k)$	$x_7(k)$
2010	0.717 097	0.483 276	1.250 135	1.129 967	0.860 502	0.585 729	0.325 709	0.375 081
2011	0.814 045	0.573 428	1.244 210	1.158 472	0.848 306	0.670 225	0.393 097	0.373 508
2012	0.916 190	0.641 024	1.096 090	1.158 472	0.893 142	0.759 106	0.456 547	0.502 367
2013	0.969 732	0.711 712	1.030 917	1.129 236	0.927 218	0.830 446	0.842 059	0.668 147
2014	0.995 983	0.798 394	1.001 293	1.076 977	0.961 831	0.905 245	0.936 285	0.828 502
2015	1.066 679	0.898 429	1.004 848	0.968 804	1.013 842	0.980 353	1.032 845	0.996 715
2016	1.092 930	0.995 145	1.007 218	0.906 312	1.043 793	1.065 652	1.140 199	1.149 007
2017	1.118 402	1.110 268	0.918 345	0.844 186	1.101 184	1.154 595	1.277 893	1.301 323
2018	1.161 287	1.192 951	0.782 075	0.899 003	1.115 531	1.252 742	1.400 562	1.447 071
2019	1.161 807	1.472 159	0.782 075	0.814 950	1.156 781	1.359 227	1.536 359	1.609 143
2020	0.985 847	2.123 217	0.882 797	0.913 621	1.077 869	1.436 681	1.658 445	1.749 138

表 4.12　2010—2020 年桂东县城镇化率与相关影响因素的关联系数

年份	$x_1(k)$	$x_2(k)$	$x_3(k)$	$x_4(k)$	$x_5(k)$	$x_6(k)$	$x_7(k)$
2010	0.714 9	0.520 7	0.584 5	0.805 7	0.819 5	0.597 6	0.630 0
2011	0.708 9	0.574 4	0.628 3	0.951 5	0.805 2	0.579 7	0.568 5
2012	0.679 9	0.766 4	0.707 4	0.969 5	0.790 5	0.557 9	0.583 9
2013	0.694 0	0.910 8	0.787 9	0.938 7	0.810 4	0.823 9	0.659 2
2014	0.748 7	0.999 5	0.883 1	0.951 7	0.870 0	0.913 0	0.779 3
2015	0.778 5	0.909 9	0.860 7	0.923 1	0.875 9	0.952 2	0.898 3
2016	0.860 8	0.876 7	0.759 6	0.928 6	0.962 7	0.931 4	0.918 3
2017	0.994 6	0.746 3	0.680 6	0.979 2	0.948 5	0.787 9	0.763 3
2018	0.955 6	0.605 3	0.690 4	0.933 7	0.869 1	0.710 1	0.671 4
2019	0.652 7	0.604 9	0.626 6	1	0.748 9	0.608 2	0.564 7
2020	0.336 3	0.854 1	0.895 2	0.868 3	0.562 7	0.462 2	0.430 7
关联度	0.739	0.761	0.737	0.932	0.824	0.72	0.679
关联序	4	3	5	1	2	6	7

表 4.13　2010—2020 年桂东县城镇化率与相关影响因素的年度关联系数排序

年份	$x_1(k)$	$x_2(k)$	$x_3(k)$	$x_4(k)$	$x_5(k)$	$x_6(k)$	$x_7(k)$
2010	3	7	6	2	1	5	4
2011	3	7	4	1	2	5	6
2012	5	3	4	1	2	7	6
2013	6	2	5	1	4	3	7
2014	7	1	4	3	5	2	6
2015	3	7	6	2	5	1	4
2016	6	5	7	3	1	2	4
2017	1	6	7	2	3	4	5
2018	1	7	5	2	3	4	6
2019	3	6	4	1	2	5	7
2020	7	3	1	2	4	5	6

根据表 4.12 和表 4.13，综合分析不同因素对桂东县城镇化率的影响，分析讨论如下：

（1）从经济增长方面来看，2010—2016 年，人均 GDP 对城镇化率的影响排名呈下降趋势，而在 2017 年和 2018 年则保持在第一位，此后下降至 2020 年的第七位。总体上看，大部分年度的关联系数都不太高，尤其是 2020 年为 0.336 3。这说明，2010 年以来，尽管经济增长对桂东县城镇化的推进很重要，但因为经济总量不大，因此对城镇化发展的作用仍然不足。

（2）从产业结构来看，比较第一、第二、第三产业占 GDP 比重与城镇化率的关联系数可知，第三产业占 GDP 比重的关联度为 0.932，在各个因子中最高；并且在 2010—2020 年各年，除了两个年份在 0.8~0.9 外，其他都在 0.9 以上，因此，桂东县商旅服务业的发展在县域城镇化中的作用表现突出。而第一产业占比在 2010 年以来，从第七位逐步上升到第三位。这表明桂东县独特的生态资源优势为农业的发展升级提供了良好的发展基础。第二产业占 GDP 比重对城镇化的影响作用，相对于第一、第三产业显得不足，这是因为桂东县工业化发展水平不高的瓶颈还没有从根本上突破，不过在 2020 年，桂东县第二产业占 GDP 比重对城镇化的影响在各因子排名中上升到第一位，这也说明。桂东县通过"十三五"期间的发展，工业化发展的实力有所增强，桂东县着力于推动新型生态工业的发展战略充分借力了桂东的独特自然生态优势。

（3）从收入水平来看，城镇居民人均纯收入与城镇化率的关联系数普遍较高。城镇居民人均收入增加对汝城县城镇化发展的推动力较强，这也得益于近年来桂东县商贸服务业的发展在城镇居民就业岗位提供、收入增加等方面做出了重要贡献。但近年来农村居民人均纯收入对城镇化的影响则仍然在低位徘徊。因此，如何通过第一、第二、第三产业融合发展，拓宽农村居民收入增加渠道，仍然有大量工作需要做。

（4）从固定资产投资来看，其与城镇化率的关联系数从 2010 年的 0.630 0 增加到 2016 年的 0.918 3，此后各年逐步下降。从各年度各因子对城镇化影响的横向比较来看，其排名不稳定且在低位徘徊。因此，加强基础设施的建设来为城镇化发展提供基础保障仍然是桂东县要努力的方向，这需要进一步借助乡村振兴和新型城镇化试点县域背景下政府及各个层面的有力支持。

（四）安仁县城镇化率与各影响因素之间的关联度测算结果分析

本书首先对安仁县城镇化率及各影响因素的原始数据作均值化无量纲处理，得到均值化无量纲处理结果（见表 4.14），然后运用 Matlab 7.0 软件计算安仁县城镇化率与 7 个主要影响因素的灰色关联系数，结果见表 4.15 。由表 4.15 可知，2010—2020 年各个影响因素对城镇化率的关联度从高到低依次排序为：第三产业占 GDP 比重>城镇居民人均纯收入>第二产业占 GDP 比重>人均 GDP>第一产业占 GDP 比重>农村居民人均纯收入>固定资产投资。对表 4.15 中 7 个影响因子与城镇化率的灰色关联系数进行排序，得到安仁县城镇化率影响因素的年度关联系数排序情况（见表 4.16）。

表 4.14　2010—2020 年安仁县城镇化率与相关影响因素原始数据的均值化处理结果

年份	$x_0(k)$	$x_1(k)$	$x_2(k)$	$x_3(k)$	$x_4(k)$	$x_5(k)$	$x_6(k)$	$x_7(k)$
2010	0.851 239	0.472 132	1.299 851	0.901 014	0.905 774	0.621 916	0.295 791	0.303 901
2011	0.859 382	0.586 626	1.285 869	0.949 794	0.871 032	0.714 384	0.352 541	0.379 942
2012	0.896 507	0.656 949	1.177 720	0.974 744	0.914 521	0.807 255	0.419 155	0.523 559
2013	0.920 699	0.797 441	1.020 636	1.119 400	0.881 030	0.822 122	0.861 241	0.705 234
2014	0.959 021	0.923 930	0.954 430	1.127 810	0.913 772	0.896 007	0.955 781	0.873 080
2015	1.010 996	0.990 237	0.917 421	1.092 767	0.967 508	0.970 142	1.052 371	1.043 767

表4.14(续)

年份	$x_0(k)$	$x_1(k)$	$x_2(k)$	$x_3(k)$	$x_4(k)$	$x_5(k)$	$x_6(k)$	$x_7(k)$
2016	1.057 462	1.090 986	0.933 458	1.040 624	1.004 249	1.052 616	1.162 925	1.131 282
2017	1.082 132	1.167 074	0.882 467	1.007 263	1.064 984	1.134 737	1.280 267	1.292 040
2018	1.111 114	1.225 145	0.789 121	1.026 887	1.104 224	1.232 279	1.406 962	1.427 704
2019	1.134 826	1.399 614	0.814 617	0.897 931	1.203 699	1.340 770	1.546 211	1.589 034
2020	1.116 622	1.689 864	0.924 411	0.861 767	1.169 208	1.407 773	1.666 756	1.730 458

表 4.15　2010—2020 年安仁县城镇化率与相关影响因素的关联系数

年份	$x_1(k)$	$x_2(k)$	$x_3(k)$	$x_4(k)$	$x_5(k)$	$x_6(k)$	$x_7(k)$
2010	0.452 1	0.410 5	0.869 5	0.858 1	0.578 4	0.359 7	0.363 1
2011	0.535 1	0.422 9	0.780 6	0.973 6	0.686 3	0.381 1	0.394 4
2012	0.567 6	0.527 4	0.805 3	0.954 5	0.782 9	0.395 5	0.456 2
2013	0.721 0	0.762 3	0.613 4	0.894 9	0.764 9	0.846 6	0.593 7
2014	0.906 9	0.995 7	0.652 0	0.880 7	0.838 4	1	0.789 5
2015	0.946 5	0.774 4	0.798 0	0.885 1	0.891 8	0.890 5	0.913 1
2016	0.911 0	0.719 8	0.958 0	0.861 2	0.994 9	0.752 1	0.814 6
2017	0.791 5	0.612 3	0.812 4	0.957 1	0.862 7	0.614 1	0.600 1
2018	0.736 8	0.493 2	0.793 0	0.988 4	0.724 5	0.514 6	0.497 4
2019	0.542 5	0.494 6	0.570 3	0.825 4	0.604 8	0.431 8	0.407 5
2020	0.352 4	0.621 4	0.552 1	0.862 7	0.518 6	0.361 9	0.336 9
关联度	0.678	0.621	0.746	0.904	0.75	0.595	0.561
关联序	4	5	3	1	2	6	7

表 4.16　2010—2020 年安仁县城镇化率与相关影响因素的年度关联系数排序

年份	$x_1(k)$	$x_2(k)$	$x_3(k)$	$x_4(k)$	$x_5(k)$	$x_6(k)$	$x_7(k)$
2010	4	5	1	2	3	7	6
2011	4	5	2	1	3	7	6
2012	4	5	2	1	3	7	6
2013	5	4	6	1	3	2	7
2014	3	2	7	4	5	1	6

表4.16(续)

年份	$x_1(k)$	$x_2(k)$	$x_3(k)$	$x_4(k)$	$x_5(k)$	$x_6(k)$	$x_7(k)$
2015	1	7	6	5	3	4	2
2016	3	7	2	4	1	6	5
2017	4	5	3	1	2	6	7
2018	3	7	2	1	4	5	6
2019	4	5	3	1	2	6	7
2020	6	2	3	1	4	5	7

根据表4.15和表4.16，综合分析不同因素对安仁县城镇化率的影响，分析讨论如下：

(1) 从经济增长方面来看，2010—2016年，人均GDP对城镇化率的影响关联系数变大，排名呈上升趋势，至2015年位列各影响因子第一位，此后，则不断下降，2020年关联系数为0.3524，位列同年度各因子第六位。总体来说，大部分年度的关联系数都不太高，因此，安仁作为曾经的贫困落后地区，经济总量的发展提高受到一定的制约，对城镇化的带动作用不足。

(2) 从产业结构来看，比较第一、第二、第三次产业占GDP比重与城镇化率的关联系数可知，第三产业占GDP比重的关联度为0.904，在各个因子中最高；并且2010—2020年各年关联系数都较高，在各年度各因子排名中位列第一的有7个年份，因此，近年来安仁在推动农业主导产业提优做强的同时，第三产业也取得了良好的发展。而第一、第二产业对城镇化的影响作用也总体提升，说明安仁近年来在推动农业大省向农业强省转变、推进新型工业化发展，以及农产品加工、农旅、文旅融合发展方面的系列举措，对第一、第二、第三产业融合发展起到了越来越明显的促进作用。

(3) 从收入水平来看，"十二五"期间，城镇居民人均纯收入和农村居民人均纯收入与城镇化率的关联系数都呈现上升趋势。尤其城镇居民人均纯收入在"十三五"开局的2016年达到0.9949，但此后逐步下降，而农村居民人均纯收入与城镇化发展的关联系数在"十三五"期间各年份下降较多。总体上看，城镇居民人均收入增加对安仁县城镇化发展的推动力较强，但在"十三五"末期下降较多，这表明需进一步保持新型工业化和服务业发展的良好态势，保就业，促进居民收入增加。农村居民收入在"十三五"期间下降较多，至 2020 年时为 0.361 9，而农村居民收入增加持续低迷的话，不利于其向城镇转移安家落户，因此，需在扩大传统农业发展优势的基础上，深度推进农业工业化，发展特色农业、现代工业和现代服务业，为农村居民开辟广阔的就业渠道，使其收入增加，增强其内生自我发展动力。

（4）从固定资产投资来看，其与城镇化率的关联系数除了 2015 年和 2016 年分别为 0.913 1 和 0.814 6 外，其他年份基本在低位徘徊，在各因子排名中除了 2015 年为第二位外，其他年份都很低。因此，加强基础设施的建设来为城镇化发展提供基础保障仍然是安仁县要努力的方向，这需要进一步借助乡村振兴和新型城镇化试点县域背景下政府及各个层面的有力支持。

三、小结

综合以上分析，在选定的罗霄山四县城镇化率变动影响的 7 个因素中，城镇居民人均纯收入对城镇化率变动的影响作用显著，这表明城镇居民人均纯收入的持续稳定提高，对繁荣城镇消费市场、带动城镇服务业发展、促进要素汇聚，从而推动新型城镇化的发展有着重要的作用。从第一、第二、第三次产业占比对新型城镇化的影响来看，第三产业占比占据重要地位，在四县三次产业近年来不断优化的态势下，各县第一、第二产业占比对城镇化的影响各有不同，其中，宜章、汝城和桂东三县的第二产业明显落后，而安仁县近年来第二产业占比对城镇化率上升的影响作用不断显现。四县人均 GDP 对城镇化的影响总体上处于各因子的中位水平，但各年度的关联系数普遍不高，因此，四县的经济发展水平和质量应在现有良好发展基础上提升。而固定资产投资对城镇化率的影响基本排在末尾，这说明，当前四县在城镇化发展进程中，城市基础设施建设还应当进一步发展提高，以适应农业现代化、新型工业化、信息化、新型城镇化协同发展的要求。

第五章 罗霄山郴州片区县域城镇化演进的实证分析

第一节 基于县域发展基本类型的城镇化演进特征

一、罗霄山郴州片区县域发展基本类型划分方法

改革开放以来，我国县域城镇化发展呈现出差异显著化特征，这种差异不仅表现在发展水平、速度及地域等方面，还表现在不同类型区域发展差异特征上。因此，需要进一步揭示"类型"维度上的县域城镇化发展的演进特征（张荣天，2018）。

一般来说，一个地区的经济发展和就业水平在很大程度上受到产业发展状况的影响，因此，产业结构常常作为产业发展的标志和载体，反映着县域在发展中的程度。本书从罗霄山郴州片区实际情况出发，借鉴龙花楼、刘彦随等人（2009）的研究成果，以产业为载体，通过分析产业结构来表达某一县域所属的发展类型，将研究区各单元划分为农业主导型、工业主导型、商旅服务型和均衡发展型四种县域基本发展类型。本书选取罗霄山郴州片区四个县域为研究单元，以 2010 年、2015 年、2020 年为时间节点，选取地区生产总值以及第一、第二、第三产业产值，构建了划分县域基本发展类型的指标体系：GDP1%——第一产业在地区生产总值中的占比；GDP2%——第二产业在地区生产总值中的占比；GDP3%——第三产业在地区生产总值中的占比。首先分别统计这三项指标在三个研究时点的均值和标准差以及二者之和（见表 5.1）；然后分别计算四个县域三次产业在地区生产总值中的占比，假如某一产业占比超过全体样本的平均值和标

准差二者之和，则判定该产业为该县域经济发展过程中的主导产业，划分标准见表5.2。

表5.1 罗霄山郴州片区县域发展基本类型划分指标

指标	2010年			2015年			2020年		
	GDP1%	GDP2%	GDP3%	GDP1%	GDP2%	GDP3%	GDP1%	GDP2%	GDP3%
均值	16.13	49.27	34.6	12.34	46.06	41.6	13.24	36.69	50.07
标准差	8.21	12.74	9.17	6.29	12.63	10.96	5.41	9.16	8.7
二者之和	24.34	62.01	43.77	18.63	58.69	52.56	18.65	45.85	58.77

表5.2 罗霄山郴州片区县域发展基本类型划分标准

类型	划分标准		
	2010年	2015年	2020年
农业主导型	GDP1%≥24.34%	GDP1%≥18.63%	GDP1%≥18.65%
工业主导型	GDP2%≥62.01%	GDP2%≥58.69%	GDP2%≥45.85%
商旅服务型	GDP3%≥43.77%	GDP3%≥52.56%	GDP3%≥58.77%
均衡发展型	不属于上述类型	不属于上述类型	不属于上述类型

二、县域发展基本类型及城镇化演进特征分析

（一）宜章县域发展类型及城镇化演进特征

图5.1和表5.3的数据显示，2010年、2015年和2020年的宜章县域发展类型都为均衡发展型的县域城镇化。2010—2020年，在中央系列政策的推动下，宜章县新型城镇化进程取得了较大进步，总体上县域城镇化率呈现上升态势。从图5.1可以看出，宜章县城镇化率从2010年的35.8%提高到51.38%，上升了15.58个百分点，但从2020年的数据来看，仍然较湖南省58.76%的平均水平相差约7.38个百分点，较郴州市58.18%的平均水平相差约6.8个百分点。归纳起来主要有以下几个阶段性特征。

（1）2010年，宜章县域城市化率35.8%，相较于湖南省43.3%的平均水平相差7.5个百分点，相较于郴州41.7%的水平相差5.9个百分点。宜章县当年实现地区生产总值68.23亿元，是2000年的2.76倍，年均增长11.4%；三次产业结构为22.05∶56.54∶21.41，第一产业不强、第二

产业不优、第三产业不快等问题较为明显。

此阶段，宜章县集"老、少、边、穷"于一体，县域经济整体困难，自我发展能力弱。《湖南省统计年鉴》的统计数据显示：2007—2009年，农民人均纯收入分别为2 896元、2 416元、2 477元，在湖南省123个县中排倒数第35、23、21位；人均地方财政收入分别为453元、504元、564元，在湖南省123个县中排倒数第40、38、38位；人均GDP分别为9 079元、10 217元、10 292元，在湖南省123个县中排倒数第33、第32、第27位。2010年，农民人均纯收入2 657元，仅为湖南省农民人均纯收入5 622元的47.26%，全国农民人均纯收入5 919元的44.89%。全县的贫困村和贫困人口主要分布在自然条件恶劣的东部石漠化干旱区、西部采煤沉陷区、南部偏远山区和少数民族高寒山区。2010年，城镇居民人均可支配收入14 780元，社会消费品零售总额37.51亿元。

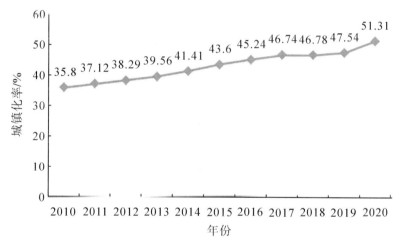

图 5.1　2010—2020年宜章县域城镇化率演变

数据来源：《湖南统计年鉴》（2011—2021）。

表 5.3　2010年、2015年和2020年宜章县三次产业占GDP比重情况

年份	GDP1%	GDP2%	GDP3%
2010	22.05	56.55	21.4
2015	10.68	42.53	46.79
2020	12.92	33.97	53.11

数据来源：《湖南统计年鉴》。

与此同时，全社会固定资产投资 73.71 亿元，其中城镇固定资产投资 67.48 亿元。基础设施建设取得明显进展，影视文化城、宜章大道、省道324 线改造、厦蓉高速公路、京珠高速公路复线等一批重大建成和在建项目，为下一步发展构筑了较好的基础和条件。

总体上来看，2010 年，宜章县城镇化处于产业协调低水平推动阶段，县域产业层次不高、特色优势不明显、产业发展不稳定，导致县域城乡发展水平不高。因此，如何进行产业优化升级，更好地调整三次产业的构成，发挥产业的优势作用，带动其他产业的良好发展，促进县域发展的转型，尤为重要。

（2）2010—2015 年，宜章县城镇化率由 35.8% 上升到 43.6%，总体上呈现上升趋势。从 2015 年的数据来看，较湖南省当年 50.89% 的平均水平相差 7.29 个百分点，较郴州市 50.34% 的平均水平相差 6.34 个百分点。对比 2010 年的数据，宜章县城镇化水平与郴州市城镇化水平的差距有拉大趋势。"十二五"期间，县域城镇化率不断上升的重要推动因素源于不断优化的产业发展布局及更加科学的县域空间开发格局。工业在经济发展中的主体地位进一步增强，服务业比重、战略性新兴产业比重和高新技术产业比重明显提高，高新技术产业增加值占工业增加值的比重达到 32%。投资、消费与出口协调拉动，居民消费率稳步提高，消费对经济增长的贡献率进一步提升。

产业发展布局方面。一是大力发展现代农业。因地制宜统筹规划全县农业区域布局，加快构建农业主体功能区，主动承担国家主体功能区划分的功能。加强以新增粮食产能工程为主的产粮大县、以规模标准化养殖为主的生猪调出大县、以优质果蔬为主的粤港澳"菜园子""果园子"工程建设，运用现代科技和先进生产方式改造提升传统农业，培育形成一批特色鲜明、集中连片、点线结合的优势农业产业带，建成一批标准化生产、集约化经营、产业化带动的现代农业示范区，发展一批起点高、规模大、市场竞争力强的农产品加工龙头企业，集中打造一批特色农业、休闲农业、城镇农业和外向型农业品牌。二是加快新型工业化进程，构建现代产业体系。坚持以新型工业化带动农业现代化、新型城镇化，促进信息化与工业化融合，立足资源优势和产业基础，改造提升传统产业与培育发展战略新兴产业并举。坚持优势优先与整合提升并举，壮大规模与提升品质并举，推动优势资源向产业链核心环节、价值链的高端环节集聚，促进传统优势产业向"两型化"、高端化、品牌化、集团化方向发展，引导传统弱质产业和高危产业逐步有序退出市场。同时，培育和发展战略新兴产业。比如，重点扶持发展以弘源氟化工、东风硅灰石精深加工为主的新材料产业，以华电宜章公司风电、生物质能发电为主的新能源产业，以富士电梯、通达挂车为主的装备制造产业，以宜章生物医疗制造基地为主的生物医药产业，以中瑞科技、恒维、万旭电子为主的电子信息产业五大战略新兴产业，努力形成产业特色鲜明、产业链条延伸、配套体系完善的战略性新兴产业和高新技术产业群。三是加快发展现代商旅服务业。充分发挥宜章区位优越、交通便利等比较优势，改造提升传统服务业，大力发展现代服务业，努力打造湘粤赣桂边界旅游商贸重镇和物流中心。同时，加快建设旅游强县。把旅游产业培育成为全县经济发展的战略性支柱产业，加强旅游基础建设、旅游产品开发、旅游线路打造和文化品位提升，打造"红、绿、古、蓝"四色旅游品牌，积极创建一批特色旅游名镇（名村）和乡镇旅游区点，构建以莽山为中心的南岭旅游圈，推动旅游产品向观光、休闲复合型转变，旅游产业向规模与质量并重转变，带动提升服务业发展水平和结构层次。重点突出莽山创国家 5A 级景区和申报国家地质公园、湘南年关暴动指挥部旧址红色旅游景区、北门岭公园创国家 4A 级景区、中夏公园创国家 3A 级景区，以及湘粤古道、腊园古民居、白石渡丹霞地貌旅游开发、一六温泉度假休闲项目、城南东湾荷塘休闲观光基地、沙坪茅栗坪生态农业休闲观光基地等旅游基础设施建设和项目开发。2015年，年末全县共有国家级旅游景区 2 家，其中 4A 级景区 1 家。全年接待游客 652.6 万人次，比上年增长 15%，实现旅游总收入 43.7 亿元，比上年增长 15.4%。宜章县被成功列入全省文化旅游产业重点县，成功创建"中国温泉之乡"，狮子口大山被批准为"省级自然保护区"，莽山国家森林公园创建为省级地质公园。

县域城镇村开发格局方面。根据国家和省对宜章县主体功能定位，并结合宜章县域特点，将全县地域功能分区和定位主要划分为耕地保护区、生态自然保护区、人文景观保护区、城镇区和产业园区。积极对接环长株潭城市群、郴资桂、郴永宜"大十字城镇走廊"，实施融城计划，加快宜章向郴州融城步伐，着力打造"湘粤对接第一城、产业转移首选地、湘南重要增长极"。按照布局集中、功能紧凑、发展集约、生态友好、合理分工的要求，加强县城和城镇发展的科学规划，加速形成县城、中心镇和一般镇协调发展的新型城镇体系。城镇化的推进以县城和 8 个中心镇为重点，逐步完善城镇基础设施和公共服务，提升城镇产业集聚力、要素辐射力和人口承载力，同时加强集镇和村庄规划建设。

（3）2015—2020 年，宜章县城镇化率由 43.6% 上升到 51.38%，总体呈上升趋势。2020 年，较湖南省当年 58.76% 的平均水平相差 7.38 个百分点，较郴州市 58.18% 的平均水平相差 6.8 个百分点。对比 2015 年的数据，宜章县城镇化水平与郴州市城镇化水平的差距有拉大趋势。

"十三五"期间，宜章县产业转型进一步提速。全县"五小"落后产能企业平稳有序退出，氟化工、光电、新型建材、包装印刷、文化旅游等新兴产业强势崛起，高质量发展迈出坚实步伐。三大产业协同发展。第三产业占比高于"十二五"末 6.3 个百分点。规模工业企业累计达 126 家。农业基础影响力更加稳固，粮食总产量由 25.35 万吨增长到 27.1 万吨，实现连续 12 年增产，获评"全省粮食生产先进县"。成立全省首家脐橙类院士专家工作站，成功创建"国家林下经济示范基地""全国特色县域经济重点县""中国脐橙之乡""中国茶业百强县"等。第三产业飞速发展，2020 年社会消费品零售总额、外贸进出口总额、实际利用外资分别为 80.37 亿元、8 829 万美元、22 858 万美元，比"十二五"末分别增长 8.24%、211%、83.93%。接待游客数量、旅游总收入分别高于"十二五"末 198 万人次、30.2 亿元。电子商务蓬勃发展，建成电子商务产业园、创业中心和 130 个服务站点，电子商务交易额年均增长 30% 以上；获评"全国电子商务进农村综合示范县"。

在城镇开发布局方面。县城坚持"东扩、西拓、南提、北接"，新城区建设加快推进，民主西路三期、五岭坳至桃李湾公路（即 G107 东绕城线）主城区干道、洞江至仰家公路等建成通车。文明北路连接线、107 国道（北互通至茅栗坪段）提质改造等项目即将完工。新增干线公路通车里程 18.41 千米，农村公路通车里程 1 172.87 千米。完成农村危房改造 10 156 户。莽山水库顺利下闸蓄水、并网发电，莽山水库 PPP 建设模式受到国务院表彰。"气化湖南"长输管线宜章段基本完工。建成城市山体绿化圈和玉溪河风光带、宜章大道景观带、县城二水厂、污水处理厂（二期）工程等，获评"全国县镇供水工作先进单位"。乡村振兴开创新局面，梅田矿务文化小镇、天塘茶旅小镇、一六温泉小镇等特色小镇建设步伐加快，双溪、林家排、水尾、月梅、黄家塝、沙坪 6 个村入选第五批中国传统村落名录，腊元、黄家塝、白石渡、碃石等5个村被评为省级历史名村。梅田镇列入全省新型城镇化试点镇。宜章县成功列入湖南省第一批产城融合示范区试点县。

综合来看，2010年以来，宜章县城镇化水平不断提高，但受制于县域部分乡镇区位条件、产业基础、市场发育程度弱，以及产城融合不紧密、城镇建设投入仍显不足等因素，城镇化发展仍显落后，因此，应该进一步通过完善城镇功能、提升承载能力，打造特色城镇、推进城乡一体、优化产业布局、增强城镇经济实力等措施促进县域城镇化水平高质量提升。

（二）汝城县域发展类型及城镇化演进特征

根据图5.2和表5.4的数据，2010年、2015年和2020年的汝城县域发展类型都为农业主导型县域城镇化。由图5.2可以看出，2010—2020年，汝城县城镇化率从26.72%提高到46.12%，上升了19.4个百分点，但从跟湖南省城镇化率的平均水平和郴州市城镇化率的平均水平对比来看，2010—2020年，汝城县农业主导型县域城镇化率相对较低，分析各阶段特征如下：

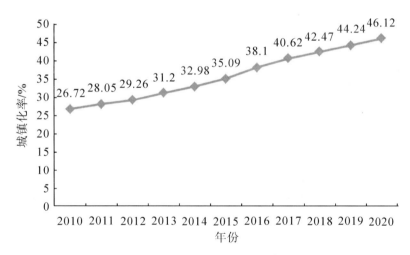

图5.2 2010—2020年汝城县域城镇化率演变

表5.4 2010年、2015年和2020年汝城县三次产业占GDP比重情况

年份	GDP1%	GDP2%	GDP3%
2010	22.73	35.49	37.78
2015	22.3	34.94	42.76

表5.4(续)

年份	GDP1%	GDP2%	GDP3%
2020	19.35	26.45	54.2

数据来源:《湖南统计年鉴》。

（1）2010年，汝城县域城市化率为26.72%，较湖南省43.3%的平均水平相差16.58百分点，较郴州市41.7%的水平相差14.68个百分点，差距较大。"十一五"期间，汝城县经济社会发展基础薄弱，人均水平低。2010年，人均地区生产总值仅为全国平均水平的28%；人均地方财政收入仅相当于全国水平的6%，农民人均纯收入在全国平均水平的35%~40%；城镇居民人均可支配收入稍高于全国人均水平的55%。以上指标也远低于全省、全市及大多数县市人均水平。农业综合生产能力仍然较弱，灌溉主要以漫灌及自然降雨为主，农业靠天"吃饭"的特质没有根本改变；农业复种指数下降；机播、机收等普及程度较低；生物技术等现代农业生产技术应用不够广；农业生产经营集约化、组织化程度低，农业劳动力素质较低，农业的发展活力有待复苏。

工业发展对于资源依赖性强，工业结构不尽合理。由于对矿产依存过高，导致工业乃至整个县域经济随市场大幅波动，2006年规模以上工业企业中，矿业经济所占比重为89.4%，到2009年下降到71.6%，矿业仍占主导，其他制造业特别是生活消费品制造业微乎其微。科技投入少，产品创新不足，加工增值能力较弱，企业扩大再生产能力不强，导致资源枯竭加快，生态形势趋紧，环保压力加重。

旅游观光等新兴产业发展不足，整个旅游产业仍处于发展的初级阶段，总体规模较小，孤立分散的景点建设品位不高，配套服务设施建设滞后，客源较弱，经济效益不彰，观光旅游业增加值占GDP的比重不足1%，距离真正的产业要求甚远，与之相适应的文化服务优势不明显，对其他行业的关联带动作用小，难以起到拉动整个县域经济的引擎作用。

（2）2010—2015年，汝城县城镇化率由26.72%上升到35.09%，总体上呈上升趋势。从2015年的数据来看，较湖南省当年50.89%的平均水平相差15.8个百分点，较郴州市50.34%的平均水平相差15.25个百分点，对比2010年的数据，汝城县城镇化水平与郴州市城镇化水平的差距有所拉大。

"十二五"期间，全县地区生产总值年均增长11.4%，比"十一五"

时期平均增速高 14.9 个百分点；其中三次产业年均分别增长 4%、12.7% 和 14.5%，分别比"十一五"时期平均增速高 4.4 个、25.6 个、5.5 个百分点。人均地区生产总值年均增长 12%，比"十一五"时期平均增速高 16.1 个百分点。三次产业结构由 2010 年的 26.73∶35.49∶37.78 调整为 2015 年的 22.3∶34.94∶42.76。2010—2015 年，汝城县按照"一城三地，绿色崛起"的总体要求，充分发挥县域地理、区位、生态、气候和政策等优势，以改革创新为动力，以产业发展为核心，大力推进农业产业结构调整，加快转变农业发展方式，全力促进农业产业转型升级。坚持产业融合联动，以旅游开发带动农业发展，以农业发展促进旅游开发。突出抓好农业标准化生产示范基地建设，在稳定粮食生产的基础上，重点发展有机茶叶、绿色蔬菜、生态养殖、水果等主导产业，建立了"龙头企业+基地+农户"的生产经营模式，把龙头企业和农户有机结合，形成强人发展合力，真正把产业做大做强。积极培育农业产业化龙头企业、种植大户、专业合作社和家庭农场，重点培育和扶持了繁华食品、松溪茶叶、粤旺蔬菜、汝城长青发等龙头企业。同时，发展庄园经济。庄园经济是传统农业与第二、第三产业融合发展的现代农业发展新模式。新建农产品加工园区，为转变经营方式，进一步延长农业产业链，提高加工企业的农产品附加值提供了平台。但与此同时，2010—2015 年，汝城县农业生产方式的转变还有一定的局限性。其表现在：农业物质装备水平与发展现代农业相比有一定差距，部分农田水利设施薄弱，抵御自然灾害能力不强；新型农业经营主体带动农业发展的能力有待进一步提高，农业龙头企业总体规模不人，带动能力不够强；农产品生产方式单一，精深加工水平、加工科技含量产品附加值偏低，市场竞争力有待提高；农业品牌的效应有待进一步形成；品牌农业处于起步阶段，"多、散、小"的现象依然存在，缺乏在省内外市场有影响力的品牌。

在城镇村建设方面，县城承载力进一步增强。大力开展"美丽乡镇""美丽村庄"创建活动，重点抓了热水镇、集益乡、岭秀乡、南洞乡、水丰乡等示范乡镇和土桥镇金山村、大坪镇官路村、马桥镇外沙村、热水镇横瑞村、三江口镇三江口村、卢阳镇廖家村、集益乡集龙村等示范村建设，热水镇、大坪镇获批全国重点镇，谭屋村被评为"全省社会主义新农村建设示范村"。

（3）2015—2020 年，汝城县城镇化率由 38.1% 上升到 46.12%，总体

呈上升趋势。2020 年，较湖南省当年 58.76% 的平均水平相差 12.64 个百分点，较郴州市 58.18% 的平均水平相差 12.06 个百分点，对比 2015 年的数据，宜章县城镇化水平与郴州市城镇化水平的差距有缩小趋势。

"十三五"期间，汝城县围绕"建设一城三地，推动绿色崛起"定位，紧扣"全面小康、脱贫攻坚"的中心任务和"全域旅游、三产融合"的主攻方向，大力实施"生态立县、产业强县、文化兴县"战略，产业转型迈出坚实步伐。一是现代农业提档增收。完成永久性基本农田划定工作。粮食、茶叶、蔬菜和水果等主导产业快速发展，成功建设大坪镇南村超级杂交稻万亩示范基地，成为全国粮食产能核心县、全国蔬菜生产大县，成功创建全国"平安农机"示范县。鑫利食品、罗霄生态等一批农业项目建成投产。二是新型工业提质增强。淘汰郴州华盛钢铁落后产能。三鑫电化、阳光户外用品、中湘钨业完成技改升级。重点支持繁华食品、鑫利食品、金润茶业、木草人茶业、深航电子、宜丰建材、永恒石材、天邦建材、和思生物科技、公信堂药业等企业快速发展。加快推进巨高敢为、三鸣科技、合生电子、东岗岭风电场、白云仙风电场、连坪风电场等产业项目。大力开展园区建设大会战，园区调规扩区工作顺利推进，三星工业园、创新创业园、建材宝石产业园等园区配套设施不断完善。园区集聚功能进一步增强，三星工业园已入驻规模工业企业由 2015 年的 29 家增至 2017 年的 33 家。三是全域旅游提级增进。大力开展全域旅游，扎实推进长安生态城旅游文化产业园、罗泉温泉、金山古村、德寿山公园等项目。汝城温泉荣获全国最佳环保温泉奖，湘南起义汝城会议旧址入选"全国红色旅游经典景区"名录，沙洲红色旅游景区创建为国家 3A 级旅游景区，九龙白茶庄园被评为省级五星庄园、省级农业示范庄园。健康养老服务中心投入使用，九龙江国家森林公园入选全省首批森林康养试点基地。大力推进全国电子商务进农村综合试点工作，农惠通电商产业城、湘粤赣土桥物流园局部建成运营，吸引阿里巴巴、湖湘商贸、苏宁云商等 15 家知名电商企业入驻。湖南宁乡农村商业银行、新阳村镇银行入驻。

综合来看，2010 年以来，汝城县城镇化率保持上升态势的同时，与全国、省及郴州市的平均水平相比仍然差距较大。这主要是因为其经济发展总量不大、质量不优、均量不高，缺乏带动作用强的大项目、好项目和战略投资者，尚未形成有显著竞争优势的主导产业，工业转型升级步伐较慢，现代农业规模效应尚未形成，休闲旅游业态不够丰富，产业培育和转型升级还需较大提升。同时，尽管汝城具有独特的自然旅游资源，民俗文化、红色文化特色显著，但其全域旅游起步较晚、基础薄弱，旅游配套服务设施薄弱，不能满足游客日益增长的消费需求，难以延伸旅游产业链，消费项目少，带动经济发展能力有限，加上其以"农旅"和"文旅"为特色，在一定程度上需要保持原来的乡村特征，耕地保留量大，会留下一部分在乡村经营旅游业的村民，故其农村人口向县城中心城市的转移会受到一定制约。

（三）桂东县域发展类型及城镇化演进特征

图5.3和表5.5的数据显示，2010年、2015年和2020年的桂东县域发展类型都为商旅服务主导型县域城镇化。由图5.3可以看出，2010—2020年，桂东县商旅服务主导型县域城镇化率相对较低，县域城镇化率在27.59%~44.7%变动。

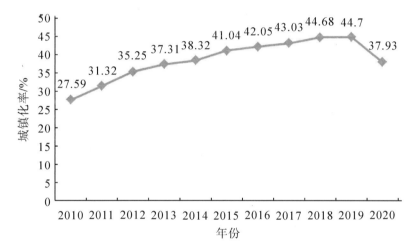

图5.3　2010—2020年桂东县域城镇化率演变

表5.5　2010年、2015年和2020年桂东县三次产业占GDP比重情况

年份	GDP1%	GDP2%	GDP3%
2010	21.1	30.92	47.98
2015	16.96	26.51	56.53
2020	14.89	25.05	60.06

数据来源：《湖南统计年鉴》。

（1）2010 年，桂东县域城市化率为 27.59%，较湖南省 43.3% 的平均水平相差 15.71 百分点，较郴州 41.7% 的水平相差 14.11 个百分点，差距较大。"十一五"期间，桂东县三次产业结构由 2005 年的 24：37：39 调整为 2010 年的 21.1：30.9：48。农业生产形势良好，粮食总产量基本稳定在 7 万吨左右，农业结构调整初见成效，茶叶、药材、花卉苗木、楠竹、油茶等产业基地初具规模。工业生产总体平稳，电力、硅冶炼、农副产品加工企业克服重大冰灾和洪灾的影响，稳步发展。传统服务业和新兴服务业加快发展，2010 年接待旅游人次 11.6 万人次，年均增长 16.7%；旅游综合收入 5 800 万元，年均增长 19.6%；住房、汽车、文化、体育、家电等新的消费热点继续壮大，2010 年全县社会消费品零售总额达到 4.12 亿元，五年年均增长 16.3%。

但与此同时，经济总量相对较小，基础设施较为薄弱，产业规模小、产业结构欠优，新的经济增长点尚未形成、城乡居民增收困难等问题仍然较为突出，给城镇化发展带来了不利的影响。

（2）2010—2015 年，桂东县城镇化率由 27.59% 上升到 41.04%，总体呈上升趋势。从 2015 年的数据来看，较湖南省当年 50.89% 的平均水平相差 9.85 个百分点，较郴州市 50.34% 的平均水平相差 9.3 个百分点，对比 2010 年的数据，桂东县城镇化水平与郴州市城镇化水平的差距有所缩小。"十二五"期间，桂东经济的发展主战场由工业转到服务业，大力发展旅游业，全域旅游唱响各个角落。到 2015 年，三次产业结构比调整为 16.96：34.94：56.53，三产业主导地位显著提升。围绕打造全国"茶叶之乡、楠竹之乡、药材之乡"，发展壮大茶叶、楠竹、药材、花卉苗木等六大优势农业产业，粮食生产稳定，特色产业初具规模，扶贫开发成就显著，农民收入持续增长，农村社会和谐发展形势好。围绕建设全国"养生天堂，避暑胜地"的目标，旅游经济发展迅猛。

桂东县经济和社会发展存在的主要问题是：一是经济总量偏小、重大项目偏少、基础设施偏差。二是特色产业偏弱、产业结构欠优。三是新的经济增长点尚未形成，四是城乡居民收入偏低。

（3）2015—2020 年，桂东县城镇化率由 2015 年的 41.04% 上升到 2019 年的 44.7%，2020 年则下降为 37.93%，总体呈上升趋势。"十三五"期间，桂东县紧抓精细农业、生态工业、全域旅游"三个增长极"，特色农业产业优势更加明显，生态工业基础不断夯实，第三产业发展势头较好，

"桂东山水爽天下"旅游品牌持续创响，获批湖南省农村第一、第二、第三产业融合发展试点县。桂东县地区生产总值从 27.68 亿元增长到 46.16 亿元，增长 66.8%；人均 GDP 从 11 930 元/人增至 19 217 元/人，增长 61%；地方财政收入由占全市的 1% 增至 2%，五年时间翻了一番。同时，其城乡统筹也在加速推进，"省级文明县城""省级卫生县城"巩固效果显著，稳步争创"湘赣边区乡村振兴示范县"，成功打造沙田全国重点镇、四都省级特色镇等特色小城镇群。

综合来看，2010 年以来，桂东县在商旅服务业主导的城镇化推动下，城镇化率不断上升，但相对于省内、市内其他地区，其城镇化水平仍偏落后。桂东县立足于康养休闲、民宿经济的服务业发展，文旅、农旅的特色发展模式，需要保持原有乡村生态的模式，这一部分从业人员也是分布在生态良好的广大农村，这种模式可能更适宜于县域城镇村融合发展下的农民生产生活方式的变迁。另外，由于桂东县存在经济总量偏小、城乡居民收入偏低、重大项目偏少、基础设施偏差、特色产业偏弱等发展现状，客观上制约了其城镇化水平的快速上升。

（四）安仁县域发展类型及城镇化演进特征

图 5.4 和表 5.6 的数据显示，2010 年、2015 年和 2020 年的安仁县域发展类型都为农业主导型县域城镇化。2010—2020 年，安仁县农业主导型县域城镇化率相对较低，县域城镇化率在 35.54%~46.62% 变动。

（1）2010 年，安仁县域城镇化率为 35.54%，较湖南省 43.3% 的平均水平相差 7.76 百分点，较郴州市 41.7% 的水平相差 6.16 个百分点，差距较大。与"十五"期末相比，全县主要经济指标有较大增长。粮食总产连续五年稳定在 30 万吨左右，农业增加值年均增长 1.48%；工业增加值年均增长 5.84%；社会消费品零售总额年均增长 12.56%。产业发展初具规模。农业规模化、集约化、产业化程度不断提高，在生平米业、东南阳光等龙头企业的带动下，优质稻、食用菌、烤烟、油料、脐橙生产已发展成为主导产业，成为国家产粮大县、中国食用菌百强县、省烤烟生产重点县和省油菜生产重点县。工业结构调整提质增效，以工业园区为龙头，服装、电子、皮具、水泥、新能源、冶炼、木业等产业发展势头良好。现代服务业快速发展，以房地产业为龙头，带动新兴产业强劲发展，房地产业完成投资 7 亿元，建成面积 67.3 万平方米；超市、连锁经营、餐饮酒店发展较好；在春分药王节、油菜花节的推动下，以神农文化、红色文化和生态文化为主的旅游业日益兴起。

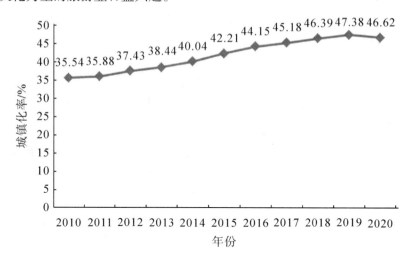

图 5.4　2010—2020 年安仁县域城镇化率演变

表 5.6　2010、2015 和 2020 年安仁县三次产业占 GDP 比重情况

年份	GDP1%	GDP2%	GDP3%
2010	31.61	32.14	36.25
2015	22.31	38.97	38.72
2020	22.48	30.74	46.78

数据来源:《湖南统计年鉴》。

安仁县经济结构不断优化,三次产业结构由 2005 年的 37.83 : 28.75 : 33.42 调整为 2010 年 31.61 : 32.14 : 36.25。工业化进程加快,2010 年全县第二产业增加值为 11.03 亿元,比 2009 年增长 20.6%。全县初步形成了以冶炼、电力、建材、能源、农副产品加工等产业为支撑的新型工业化发展格局,创建了市级工业园区,标准厂房一、二期工程建设已完工,南方水泥、永昌贵金属、锦富科技等一大批工业项目相继落户安仁。农业产业结构趋向多元化,确立了优质稻、烤烟、食用菌、脐橙、生猪、油料等主导产业,小水果开发呈现良好势头。同时,其全国产粮大县、全国商品粮基地县地位得到巩固,并跻身全省烤烟、脐橙、油菜生产重点县行列,成为中南五省最大的食用菌生产基地,被评为"中国食用菌百强县""中国食用菌之乡",坪上食用菌有限公司被授予"全国食用菌行业十大龙头企业"。"十一五"期间全县共培育了省级龙头企业 2 家,市级龙头企业

7 家。该期间，观光旅游业也有一定发展。

（2）2010—2015 年，安仁县城镇化率由 35.54% 上升到 42.21%，总体呈上升趋势。从 2015 年的数据来看，较湖南省当年 50.89% 的平均水平相差 8.68 个百分点，较郴州市 50.34% 的平均水平相差 8.13 个百分点。对比 2010 年的数据，安仁县城镇化水平与郴州市城镇化水平的差距有所扩大。

2010—2015 年，安仕县产业转型取得新进展。产业结构不断优化，三次产业结构比由 2010 年的 31.61：32.14：36.25 调整为 22.31：38.97：38.72。"十二五"期间，现代农业稳步推进，农业产业结构不断优化，形成了以粮食为基础的多元化发展模式。成功创建了湖南郴州国家农业科技园区（核心区为安仁县）；全国产粮大县、全国商品粮基地县和全省油菜、油茶生产大县地位进一步巩固，农业龙头企业和现代庄园发展势头强劲，全县拥有省级龙头企业 3 家，市级龙头企业 17 家，星级农庄 5 家。2015 年，全县实现农业总产值 28.48 亿元。

新型工业化发展取得积极进展，2015 年全县实现工业总产值 70.68 亿元，是 2010 年的 2.33 倍，新增规模以上工业企业 4 家。县工业园成功晋级为省级工业集中区，产业集聚承载能力显著增强，入园企业 80 余家。

现代服务业发展迅速，服务业增加值年均增长 18.3%；旅游业快速发展，旅游景点打造力度空前，稻田公园、万福公园等"十大文化主题"公园改造提质，稻田公园成功创建为国家 4A 级景区，熊峰山晋升为国家森林公园，2015 年实现旅游综合收入 14.4 亿元，是 2010 年的 5.5 倍，年均增长 41.01%。

（3）2015—2020 年，安仁县城镇化率由 42.21% 上升到 46.62%，总体呈上升趋势。2020 年，较湖南省当年 58.76% 的平均水平相差 12.14 个百分点，较郴州市 58.18% 的平均水平相差 11.56 个百分点。对比 2015 年的数据，安仁县城镇化水平与郴州市城镇化水平的差距有扩大趋势。

"十三五"期间，安仁县培育形成了五大新兴产业，安仁枳壳等 7 家企业获得"湘赣红"公共品牌授权，还创建了粤港澳大湾区"菜篮子"基地 13 个。生平米业、湘众药业和鑫亮粮油分别创建为国家级和省级龙头企业。围绕农业强县，新型工业、商贸旅游等服务业的发展取得了长足进步，小城镇和美丽乡村建设有序推进，城乡基础设施建设、环境整治等也有了新的进步。总体上来看，自 2010 年以来，安仁县的城镇化率在不断上升，但与省内、市内其他地区的城镇化水平相比则仍偏于落后。其县域经济发展中还存在一些困难和问题，主要表现为：一是全县经济总量偏小，缺乏支柱财源；二是经济增长动力不足，产业结构不够合理；三是城乡居民收入偏低、重大项目偏少、基础设施偏差、特色产业偏弱等发展现状客观制约了其城镇化水平的快速上升。

三、小结

2010 年以来，罗霄山郴州片区四县中，宜章是以均衡发展推动的城镇化进程，汝城、安仁是农业主导型的城镇化进程，而桂东则是商旅服务业主导的城镇化进程。四县城镇化率发展整体呈现上升趋势，但相对于湖南省及郴州市来说，县域城镇化水平总体较低，与郴州市其他县市区比较，除了宜章在中等方阵以外，其他三县处于全市末三位。并且除了桂东县的个别年份以外，四县城镇化水平与湖南省及郴州市的平均水平均有拉大趋势。宜章县作为产业协调低水平推动的均衡发展型城镇化，产业仍然有待进一步优化升级。应着力于郴州市次中心城市发展的定位，进一步发挥优势产业的带动作用，力促县域发展转型，实现县域城镇化水平的高质量推进。由于汝城、安仁和桂东三县存在经济总量偏小、城乡居民收入偏低、重大项目偏少、基础设施偏差、特色产业偏弱等发展现状，其县域城镇化水平的快速上升也受到了制约。三县旅游业有很大一部分是农旅、文旅形式、养生民宿，这些都需要保存原有乡村生态、生产生活方式，农村居民的就业也偏向于乡村，因此对那种类似于大城市化的大量农村人口的转移效应不大。当然，汝城商贸服务业近年来的发展亮点不断，这在一定程度上对汝城县近几年来城镇化率的上升起到了积极的推动作用。

第二节 罗霄山郴州片区县域城镇化建设水平发展趋势预测

近年来，随着我国对城市化可持续发展的日益重视以及新型城镇化的推进，学术界对城镇化发展趋势预测的研究也不断兴起。目前，学者们运用神经网络模型（丁刚，2008）、Logistic 模型（乔文怡 等，2018）、VAR 模型（舒服华，2017）、GM(1,1)（盛宝柱 等，2020）等数理模型对全国或区域层面的城镇化水平进行了模拟预测，取得了较好的预测效果。

本书用 GM（1，1）对罗霄山郴州片区县域城镇化水平进行了预测。

1982 年，北荷兰公司（North-Holland Co.）在《系统与控制通讯》杂志上发表了邓聚龙的第一篇灰色系统论文《灰色系统的控制问题》。1982 年第三期《华中工学院学报》上发表了邓聚龙的第一篇中文灰色系统论文《灰色控制系统》。标志灰色系统理论的问世。灰色理论是一种研究少数据、贫信息不确定性问题的新方法。其主要任务是对社会、经济、生态、工业、农业、环境、军事等本征性灰色系统进行分析、建模、预测、规划、决策、运行控制等。GM（1,1）模型是灰色系统理论的基本模型之一，该模型是一个拟微分方程的动态模型，它与一般的时间序列分析、回归分析建立的模型不同，它不需要大量的数据，且在运算过程中大大增强了数据列的规律性，减少了随机性，从而提高了预测精度。不仅如此，灰色系统理论还具有自身的一些特点和方法论原则，即信息的非完全性原则、非唯一性原则和现实信息优先原则。

一、GM（1,1）模型基本原理

GM（1,1）模型主要是把离散无规律的原始数据序列进行一次累加而生成得到规律性较强的累加生成序列，然后对累加生成序列建模，最后再进一步累减还原得到预测值（邓聚龙，1992）。GM（1,1）建模的基本步骤如下：

（1）确定原始数列

将已测得的数据等间距分为 n 个点，将其作为原始数列，即

$$x^{(0)}(k) = \{x^{(0)}(1), \ x^{(0)}(2), \ \cdots, \ x^{(0)}(n)\}$$

（2）级比检验

在建立灰色预测模型 GM（1,1）前，对时间序列进行级比检验。设级比值为：$\xi(k) = \dfrac{x^{(0)}(k-1)}{x^{(0)}(k)}$，$k = 1, \ 2, \ 3, \ \cdots, \ n$；若所有的级比值 $\xi(k)$ 都位于 $[e^{-\frac{2}{n+1}}, \ e^{-\frac{2}{n+1}}]$ 内，说明数据适合模型构建。若不通过级比检验，则对序列进行"平移转换"，即取适当的常数 c，作变换处理：

$$z^{(0)}(k) = x^{(0)}(k) + c$$

从而使得新序列满足级比值检验，符合灰色建模条件。

（3）建立 GM（1,1）灰色模型

对原始数据 $x^{(0)}(k) = \{x^{(0)}(1), \ x^{(0)}(2), \ \cdots, \ x^{(0)}(n)\}$ 作一次累加，得到一次累加生成序列 $x^{(1)}(k) = \{x^{(1)}(1), \ x^{(1)}(2), \ \cdots, \ x^{(1)}(n)\}$，$k = $

1，2，3，…，n；其中，$x^{(1)}(k) = \sum_{i=1}^{k} x^{(0)}(i)$。建立 $x^{(1)}(k)$ 的紧邻均值生成序列：

$$z^{(1)}(k) = \{z^{(1)}(2)，…，z^{(1)}(n)\}$$

其中，$z^{(1)}(k) = \frac{1}{2}(x^{(1)}(k) + x^{(1)}(k-1))$，$k = 2，3，…，n$；建立一阶微分方程：

$$\frac{d\,x^{(1)}}{dt} + a\,x^{(1)}(t) = b$$

其中 a 为发展系数，表示数列的发展规律和趋势；b 为内生控制灰数，反映了数列的变化关系。应用最小二乘法求得：$\bar{a} = (a，b)^T = (B^T，B)^{-1} \times B^T \times Y$，得出待定参数 $a，b$。

$$B = \begin{bmatrix} -z^{(1)}(2) & 1 \\ \vdots & \vdots \\ -z^{(1)}(n) & 1 \end{bmatrix}，Y = (x^0(2)，x^0(3)，…，x^0(n))^T$$

求解白微分方程得：$x^{(1)}(k+1) = \left[x^{(1)}(1) - \frac{b}{a}\right]e^{-ak} + \frac{b}{a}$

由此，得到 $x^{(1)}$ 预测值，进一步可经过还原得序列 x^0 的预测值。

二、GM(1,1) 模型预测值精度检验

灰色预测模型要经过检验才能判定其是否合理，只有通过检验的模型才能用来作预测，本书主要通过后验差比 C 值来对灰色预测模型进行检验。

（1）残差检验法

令 $\Delta(k)$ 为残差值，$\Delta(k) = $ 原始值 - 预测值；又令 $\varepsilon(k)$ 为残差相对值，有

$$\varepsilon(k) = \frac{\Delta(k)}{x^{(0)}(k)} \times 100\%$$

计算得到平均相对误差：

$$\overline{\varepsilon(k)} = \frac{1}{n-1} \sum_{k=2}^{n} |\varepsilon(k)| \times 100\%$$

根据平均相对误差的精度等级划分，确定预测效果（见表5.7）。

表 5.7　平均相对误差检验等级

等级划分	一级	二级	三级	四级
平均相对误差临界值	0.01	0.05	0.1	0.2

（2）后验差检验法

设 S_1 为原始序列的标准差，S_2 为残差序列的标准差，令 $C = \dfrac{S_1}{S_2}$，用精度检验等级参照表（见表 5.8）给出的 C 值为参考来判断模型预测精度。后验差比值可以验证灰色预测的精度，后验差比值越小，则说明灰色预测精度越高。一般后验差比值 C 值小于 0.35 则模型精度高，C 值小于 0.5 说明模型精度合格，C 值小于 0.65 说明模型精度基本合格，如果 C 值大于 0.65，则说明模型精度不合格。

表 5.8　后验差比检验等级

等级划分	优秀	合格	勉强	不合格
C	C≤0.35	0.35<C≤0.5	0.5<C≤0.65	C>0.65

三、城镇化水平发展预测

（一）郴州市城镇化水平预测

根据表 5.9 数据和 GM（1，1）灰色预测模型的分析步骤，对 2021—2025 年郴州市城镇化率进行模拟和预测，首先，由表 5.9 分析可以得到，原序列的所有级比值都位于（0.846，1.181）内，说明原序列适合构建灰色预测模型。

表 5.9　郴州市城镇化水平预测级比检验结果

年份	原始值	级比值
2010	41.70	—
2011	43.30	0.963
2012	45.28	0.956
2013	47.03	0.963
2014	48.50	0.970

表5. 9(续)

年份	原始值	级比值
2015	50. 34	0. 963
2016	52. 25	0. 963
2017	53. 80	0. 971
2018	54. 88	0. 980
2019	56. 04	0. 979
2020	58. 18	0. 963

经计算，得到表 5.10：发展系数 $a = -0.032$，内生控制灰数 $b = 42.038$，由发展系数和内生控制灰数可以构建灰色预测模型。

表 5. 10　灰色模型构建

发展系数 a	内生控制灰数 b	后验差比 C 值
-0.032	42. 038	0. 007

从表 5.10 的分析可以得到，后验差比值为 0.007，模型精度高。根据表 5.11 的相对误差数据，经计算得模型平均相对误差为 0.675%，意味着模型拟合效果良好。

表 5. 11　模型拟合结果

年份	原始值	预测值	残差	相对误差/%
2010	41. 7	41. 7	0	0
2011	43. 3	44. 042	−0. 742	1. 714
2012	45. 28	45. 452	−0. 172	0. 379
2013	47. 03	46. 906	0. 124	0. 263
2014	48. 5	48. 408	0. 092	0. 19
2015	50. 34	49. 957	0. 383	0. 76
2016	52. 25	51. 556	0. 694	1. 328
2017	53. 8	53. 206	0. 594	1. 103
2018	54. 88	54. 909	−0. 029	0. 053
2019	56. 04	56. 667	−0. 627	1. 119
2020	58. 18	58. 481	−0. 301	0. 517

表 5.12 展示了灰色预测模型的预测结果。通过表 5.12 可以发现，到 2025 年郴州市城镇化率为 68.46%。

表 5.12　模型预测结果

年份	2021	2022	2023	2024	2025
预测值/%	60.35	62.28	64.28	66.34	68.46

（二）宜章县城镇化水平预测

根据表 5.13 数据和 GM（1，1）灰色预测模型的分析步骤，对 2021—2025 年宜章县城镇化率进行模拟和预测。首先，由表 5.13 分析可以得到，原序列的所有级比值都位于（0.846，1.181）内，表明原序列适合构建灰色预测模型。

表 5.13　宜章县城镇化水平预测级比检验结果

年份	原始值	级比值
2010	35.80	—
2011	37.12	0.964
2012	38.29	0.969
2013	39.56	0.968
2014	41.41	0.955
2015	43.60	0.950
2016	45.24	0.964
2017	46.74	0.968
2018	46.78	0.999
2019	47.54	0.984
2020	51.38	0.925

经计算，得到表 5.14：发展系数 $a = -0.034$，内生控制灰数 $b = 35.516$，由发展系数和内生控制灰数可以构建灰色预测模型。

表 5.14　灰色模型构建

发展系数 a	内生控制灰数 b	后验差比 C 值
−0.034	35.516	0.024

从表 5.14 的分析可以得到,后验差比值为 0.024,模型精度高。根据表 5.15 的相对误差数据,经计算得模型平均相对误差为 1.308%,意味着模型拟合效果良好。

表 5.15　模型拟合结果

年份	原始值	预测值	残差	相对误差/%
2010	35.8	35.8	0	0
2011	37.12	37.367	−0.247	0.667
2012	38.29	38.662	−0.372	0.971
2013	39.56	40.001	−0.441	1.114
2014	41.41	41.386	0.024	0.057
2015	43.6	42.82	0.780	1.789
2016	45.24	44.303	0.937	2.071
2017	46.74	45.838	0.902	1.931
2018	46.78	47.425	−0.645	1.38
2019	47.54	49.068	−1.528	3.214
2020	51.38	50.768	0.612	1.192

表 5.16 展示了灰色预测模型的预测结果。通过表 5.16 可以发现,到 2025 年宜章县城镇化率为 60.19%。

表 5.16　模型预测结果

年份	2021	2022	2023	2024	2025
预测值/%	52.52	54.35	56.23	58.18	60.19

(三) 汝城县城镇化水平预测

根据表 5.17 数据和 GM(1,1) 灰色预测模型的分析步骤,对 2021—2025 年汝城县城镇化率进行模拟和预测。首先,由表 5.17 分析可以得到,原序列的所有级比值都位于 (0.846,1.181) 内,表明原序列适合构建灰色预测模型。

表 5.17　汝城县城镇化水平预测级比检验结果

年份	原始值	级比值
2010	26.72	—
2011	28.05	0.953
2012	29.26	0.959
2013	31.20	0.938
2014	32.98	0.946
2015	35.09	0.94
2016	38.10	0.921
2017	40.62	0.938
2018	42.47	0.956
2019	44.24	0.96
2020	46.12	0.959

经计算，得到表 5.18：发展系数 $a = -0.032$，内生控制灰数 $b = 42.038$，由发展系数和内生控制灰数可以构建灰色预测模型。

表 5.18　灰色模型构建

发展系数 a	内生控制灰数 b	后验差比 C 值
-0.057	25.711	0.007

从表 5.18 的分析可以得到，后验差比值为 0.007，模型精度高。根据表 5.19 的相对误差数据，经计算得模型平均相对误差为 1.092%，意味着模型拟合效果良好。

表 5.19　模型拟合结果

年份	原始值	预测值	残差	相对误差/%
2010	26.72	26.72	0	0
2011	28.05	28.044	0.006	0.023
2012	29.26	29.701	-0.441	1.509

表5.19(续)

年份	原始值	预测值	残差	相对误差/%
2013	31.2	31.457	-0.257	0.824
2014	32.98	33.317	-0.337	1.021
2015	35.09	35.286	-0.196	0.559
2016	38.1	37.372	0.728	1.91
2017	40.62	39.581	1.039	2.557
2018	42.47	41.921	0.549	1.292
2019	44.24	44.399	-0.159	0.36
2020	46.12	47.024	-0.904	1.96

表5.20展示了灰色预测模型的预测结果。通过表5.20可以发现，到2025年汝城县城镇化率为62.76%。

表5.20 模型预测结果

年份	2021	2022	2023	2024	2025
预测值/%	49.80	52.75	55.87	58.17	62.67

（四）桂东县城镇化水平预测

根据表5.21数据和GM（1，1）灰色预测模型的分析步骤，对2021—2025年桂东县城镇化率进行模拟和预测。首先，由表5.21分析可以得到，原序列的所有级比值都位于（0.846，1.181）内，表明原序列适合构建灰色预测模型。

表5.21 桂东县城镇化水平预测级比检验结果

年份	原始值	级比值
2010	27.59	—
2011	31.32	0.881
2012	35.25	0.889
2013	37.31	0.945
2014	38.32	0.974
2015	41.04	0.934

表5.21(续)

年份	原始值	级比值
2016	42.05	0.976
2017	43.03	0.977
2018	44.68	0.963
2019	44.7	1
2020	44.7	1

经计算，得到表 5.22：发展系数 $a = -0.035$，内生控制灰数 $b = 32.659$，由发展系数和内生控制灰数可以构建灰色预测模型。

表 5.22　灰色模型构建

发展系数 a	内生控制灰数 b	后验差比 C 值
-0.035	32.659	0.006

从表 5.22 的分析可以得到，后验差比值为 0.006，模型精度高。根据表 5.23 的相对误差数据，经计算得模型平均相对误差为 2.696%，意味着模型拟合效果良好。

表 5.23　模型拟合结果

年份	原始值	预测值	残差	相对误差/%
2010	27.59	27.59	0	0
2011	31.32	34.218	-2.898	9.253
2012	35.25	35.435	-0.185	0.526
2013	37.31	36.696	0.614	1.646
2014	38.32	38.001	0.319	0.831
2015	41.04	39.353	1.687	4.109
2016	42.05	40.754	1.296	3.083
2017	43.03	42.203	0.827	1.921
2018	44.68	43.705	0.975	2.182
2019	44.7	45.26	-0.56	1.252
2020	44.7	46.87	-2.17	4.855

表 5.24 展示了灰色预测模型的预测结果。通过表 5.24 可以发现，到 2025 年桂东县城镇化率为 55.82%。

表 5.24　模型预测结果

年份	2021	2022	2023	2024	2025
预测值/%	48.54	50.26	52.05	53.90	55.82

（五）安仁县城镇化水平预测

根据表 5.25 数据和 GM（1,1）灰色预测模型的分析步骤，对 2021—2025 年安仁县城镇化率进行模拟和预测。首先，由表 5.25 分析可以得到，原序列的所有级比值都位于（0.846，1.181）内，表明原序列适合构建灰色预测模型。

表 5.25　级比检验结果

年份	原始值	级比值
2010.0	35.54	—
2011.0	35.88	0.991
2012.0	37.43	0.959
2013.0	38.44	0.974
2014.0	40.04	0.96
2015.0	42.21	0.949
2016.0	44.15	0.956
2017.0	45.18	0.977
2018.0	46.39	0.974
2019.0	47.38	0.979
2020.0	46.62	1.016

经计算，得到表 5.26：发展系数 $a = -0.032$，内生控制灰数 $b = 34.928$，由发展系数和内生控制灰数可以构建灰色预测模型。

表 5.26　灰色模型构建

发展系数 a	灰色作用量 b	后验差比 C 值
−0.032	34.928	0.043

从表 5.26 的分析可以得到，后验差比值为 0.043，模型精度高。根据表 5.27 的相对误差数据，经计算得模型平均相对误差为 1.639%，意味着模型拟合效果良好。

表 5.27　模型拟合结果

年份	原始值	预测值	残差	相对误差/%
2010	35.54	35.54	0	0
2011	35.88	36.622	−0.742	2.069
2012	37.43	37.795	−0.365	0.974
2013	38.44	39.004	−0.564	1.468
2014	40.04	40.253	−0.213	0.532
2015	42.21	41.542	0.668	1.583
2016	44.15	42.871	1.279	2.896
2017	45.18	44.244	0.936	2.072
2018	46.39	45.66	0.73	1.573
2019	47.38	47.122	0.258	0.545
2020	46.62	48.63	−2.01	4.312

表 5.28 展示了灰色预测模型的预测结果。通过表 5.28 可以发现，到 2025 年安仁县城镇化率为 56.92%。

表 5.28　模型预测结果

年份	2021	2022	2023	2024	2025
预测值/%	50.19	51.79	53.45	55.16	56.92

四、小结

对郴州市以及四县县域城镇化发展水平的"十四五"阶段预测发现：四县城镇化率继续保持上升势头，但与市域水平相比，仍然处于落后态势。从郴州市及片区各县至 2025 年的具体测算数据来看：郴州市为 68.46%，宜章县为 60.19%，汝城县为 62.67%，桂东县为 55.82%，安仁县为 56.92%。可以看出，郴州市在保持目前的追赶省域第一方阵的良好态势下，桂东和汝城两县的城镇化率相比宜章和安仁两县，有增速超越的趋势。四县城镇化率与郴州市域水平的差距也说明进一步提升的空间也相对较大。四县如何发挥各自的比较优势，最大限度激发城镇化发展潜能，尽快填补县域城镇化发展的上升空间，仍然是需要认真思考布局的问题。

第六章 国内外城镇化经验
借鉴与启示

罗霄山郴州片区推进县域城镇化建设，有着旅游资源丰富、人文传承深厚、生态资源独特、相关政策大力支持等优势条件，与此同时也面临着资金保障不足、人才匹配程度不够、特色开发不足、可持续发展能力低等问题，如何充分发挥自身优势，建设县城、重点特色镇以及一般镇和新型农村社区，需要我们在总结自身优劣势的同时，不断学习借鉴国内外关于乡村及小城镇联动建设的有益经验，打造符合自身特色的县域城镇化可持续发展道路。

第一节 国外城镇化经验借鉴与启示

一、国外农业现代化、工业化和城镇化推进过程中的经验与启示

（一）国外农业现代化、工业化和城镇化推进过程中的经验教训

本书以美国、日本、印度和巴西为例，总结了发达国家和发展中国家农业现代化、工业化和城镇化推进过程中的一些经验教训（曹文献，2015）。

1. 工业化驱动城镇化方面

一些发达国家以工业快速发展进步驱动城镇化，由此拉动农村人口向城镇有序聚集。如美国自 19 世纪初开始，在逐步成为世界上最大的工业强国的过程中，城镇化率由 18 世纪 90 年代的 5% 上升为 1920 年的 50% 以上。二战以后，随着其工业化水平达到顶峰，其城市人口进一步增加，在

政府及时做好城市规划等举措下，一部分城市人口向郊区迁移，又催生了很多生活水平很高的小城镇。日本则通过学习效仿及引进欧美技术，获得了工业化的高速增长。与此同时，到 20 世纪 70 年代，日本也实现了高度城市化，许多中小企业得到了发展，大量农村剩余劳动力被吸纳到这些企业就业，推动了城镇化的发展。

而一些发展中国家则是在工业化进程缓慢或工业结构没有平衡协调优化的情况下为城镇化而城镇化，出现"城市病"和"过度城市化"现象，或者是城镇化进程缓慢。如巴西的城镇化先于工业化。20 世纪 50 年代至 80 年代，其城市化水平从 36.2% 上升到了 67.6%。但是，巴西的城市化进程所呈现的区域不平衡、过度城市化和贫民窟等城市问题也极为严重，这在一定程度上阻碍了经济的进一步发展。印度在独立以后将大力发展知识经济和技术经济作为工业发展的核心内容，这一战略忽视了其他一些实体工业的发展，在带动国民生产总值增加的同时，却出现了社会经济结构的严重失衡，基层民众没有得到工业发展带来的实惠，工人失业率增加、农业投产率下降，社会贫富差距加大，这又反过来使得印度的城市化发展进一步减慢。

2. 工业化带动农业现代化方面

一些发达国家根据自身国情利用工业化发展带动了农业现代化进程。如美国根据农业具有人少地多的情况，通过工业化为农业提供了大量农业机械工具以满足农民依靠机械工具代替劳动力的需求，大幅度提高了劳动生产率。而日本则依靠自己强大的工业竞争力对农业实行了许多支持政策。以农业机械为例，日本用于农业机械的支出从 1960 年的 841 亿日元增加到 1975 年的 9 685 亿日元。到 20 世纪 70 年代中期，日本已经基本实现了从耕作、插秧到收获的全面机械化。

而一些发展中国家在追求高速工业化时却忽视了农业发展，农业和农民一定程度上成了工业发展的贡献者和牺牲者；或是在工业化结构不甚合理的情况下力图实现农业发展，其结果也是不尽如人意。如巴西的农业现代化始于 20 世纪 50 年代，巴西人口众多但其工业化发展却选择了资本密集型道路，这一模式加剧了农业的规模经营，从而农业对劳动力的需求逐渐减少，市场竞争致使大量中小农户破产，进一步排挤了农村劳动力，过剩的劳动力被迫注入城市，造成了过度城市化。

3. 市场调节与政府调控相结合方面

发达国家的工业化和现代化往往以市场化为基础，充分发挥政府的宏观调控作用。如美国在一跃成为世界第一工业强国的过程中，除了积极依靠市场竞争机制和发挥私人竞争主体的作用外，政府的调控作用也功不可没。为了快速推进工业化，美国政府及时制定对内自由贸易政策和对外有限制的关税保护政策、直接投资公共工程、给予工业发展以实物或金融奖励和补贴、设立专门管理结构等。此外，美国土地私有制度、发明专利制度、现代企业制度和教育人才制度等也起到了相应的推动作用。针对城市拥堵、生活环境差等问题，美国政府又通过事先做好城市规划等举措，积极引导城市人口向郊区迁移（苗洁 等，2012）。日本则在工业得到高速发展的同时，为消除城乡不平衡、缩小城乡差距，不断加大对农村的资金投入，并进行了较大规模的基础设施建设。日本政府通过大量法律法规，引导农村人口向城镇集中。为促进城乡统筹发展，日本先后制定和实施了五次全国综合开发规划，分别从产业发展、社会福利、居住环境、村镇建设、城乡一体化等方面提出战略目标（何平均，2012）。

相对而言，发展中国家运用市场化手段来促进农业现代化和城镇化协调的水平较弱，行政管理的特色较浓。印度在独立之后迅速将工业化作为发展经济的指导方针，然而，印度的工业化发展战略忽视了市场竞争机制的基本规律和私人竞争主体的作用的发挥，妄图直接通过行政计划将知识经济和技术经济发展作为工业化发展的主要内容，并希望以此实现现代化，结果是知识经济和技术经济发展并未让基层工农群众得到相应实惠，农业投资率下降，传统工业不振导致工人失业率上升，社会贫富差距扩大。

4. 建立健全社会保障体系方面

美国为解决城市化推进和新移民涌入大城市中心区的住房短缺问题，于1934—1937年建造了2 200万套廉价公寓。二战后，为引导城市人口外迁，联邦政府于1944年颁布《军人修正法案》，安排1 600万老兵在郊区定居，实施《城市租金控制法》以控制市区房租。至20世纪90年代末，政府重点帮助低收入家庭、残障人、少数族裔等弱势群休解决住房难题。日本政府在社会保障制度的城乡协调方面也很好地重视了农民权益的保障。在城市化预备阶段，为解决失地农民的保障问题，明治政府出台《恤救规则》以缓解城市的绝对贫困；在城市化起飞阶段，日本政府于二战前制定了以农村居民为主的《国民健康保险法》，战后颁布了基于全体国民的《生活保护法》《儿童福利法》和《残疾人福利法》；在城市化走向成熟阶段，日本政府又实施了新的"国民健康保护法"，强制规定全国的农户、个体经营者等无固定职业和收入者必须加入这一医疗保险。进入 21 世纪，基于"稳农"的新农业政策，修订了农业人养老金制度，使之向全体农业从业人员开放（何平均，2012）。而巴西在社会保障方面却没有与其工业化、城市化和农业发展配套跟进，当其过度城市化所带来的城市拥挤、贫富悬殊、贫民窟等问题持续恶化时，没有很好的社会保障措施予以缓冲，这也是巴西城市化进程中经历的最为惨痛的教训。

（二）国外农业现代化、工业化和城镇化推进对我国的启示

1. 坚持四化同步，理顺农业现代化与城镇化协同发展思路

《国家新型城镇化规划（2014—2020 年）》提出"四化同步，统筹城乡"。推动信息化和工业化深度融合、工业化和城镇化良性互动、城镇化和农业现代化相互协调，促进城镇发展与产业支撑、就业转移和人口集聚相统一，促进城乡要素平等交换和公共资源均衡配置，形成以工促农、以城带乡、工农互惠、城乡一体的新型工农、城乡关系。这需要我们始终坚持农业的基础地位不动摇，充分发挥新型工业化、信息化、新型城镇化对农业现代化的引领带动作用，在控制城市占地规模、耕地和淡水资源的有效节约使用、生态环境友好、农业和农村经济全面发展、国家粮食安全得到稳固保障等方面走出一条可持续发展的道路，稳步推进农业现代化与新型城镇化的协同发展。

2. 因地制宜，选择农业现代化与城镇化协同推进合理模式

要因地制宜，依托各地资源优势选择农业现代化与城镇化推进的有效模式。依据我国现实国情，要把握好两个发力重点：一是要把中小城市和小城镇作为新型城镇化的重点。中小城市和小城镇的发展空间大，城镇化成本相对较低，要做好大中小城市和小城镇协调发展规划，优化生产力布局，引导一些产业从大中城市向中小城市转移，真正形成以大城市为龙头，以中小城市、小城镇为支撑，以农村新型社区为基础的城镇化格局。二是走就近就地新型城镇化的路子。要通过强化小城镇发展的基础条件，做好产业引导，增强小城镇对农民就近就业的吸纳能力，从而有效降低各种成本，缓解大城市对转移农村剩余劳动力就业的压力。要将小城镇建设和新农村建设通盘布局，加快形成城乡一体化新格局，形成农村人口就地城镇化的新路子。

3. 市场和政府双轮驱动，市场机制和宏观调控齐发力

发达国家的经验证明，充分发挥市场优化资源配置的积极作用并辅以适当的国家干预，对农业现代化与新型城镇化协同推进具有非常重要的作用。市场可以为后发地区提供广阔的需求以及充分的资源、资金、科技、劳动力集中渠道，政府则通过立法和强制的手段为经济运行和发展保驾护航。因此，既要发挥市场对资源配置的决定性作用，又要加强政府的引导作用，出台必要的政策扶持，完善各项市场制度。通过市场和政府双轮驱动，确保农业现代化和新型城镇化协同科学发展。

4. 科学统筹谋划，推动城乡一体化体制机制建设

在推进农业现代化与新型城镇化协同发展的过程中，要注重科学统筹谋划，从破除城乡二元结构的体制性障碍、工业和城市反哺农业和农村的长效机制的建立等方面加大创新力度。在推进新农村建设、中小城市和小城镇建设过程中配套跟进基本公共服务。要加快将农民工纳入城镇公共服务范围，使城乡居民在教育、医疗、住房、就业、社会保障等方面享受同等待遇，缩小城乡差距，形成以统筹城乡产业发展、统筹社会事业发展、统筹基础设施建设、统筹劳动就业和社会保障为重点的城乡一体化发展新格局。

二、国外特色小镇建设经验启示

国外特色小镇建设历史悠远，并形成了一批世界闻名的特色小镇，诸如基金小镇、冲浪小镇、香水小镇、会议小镇等，这些特色小镇的建设经验可为我国县域特色小镇建设提供可资借鉴的有益启示（张登国，2018）。

案例一：特色产业型——法国香水小镇

1. 小镇概况

法国东南部，有一座人口不到四万人却闻名全球的特色小镇——香水小镇格拉斯，小镇环境优美，地中海气候温和湿润，街道纵横交织美丽迷人，有着全球"香水之都"的美誉。格拉斯香水小镇面朝大海、依山而建，每年从地中海吹来的季风湿润宜人，加上阿尔卑斯山特有的地下水和冰雪融水以及充足的阳光照射，特殊的山坡海拔地理条件非常适合不同花卉的种植，每年在格拉斯采集的花朵有 700 万千克之多，包括水仙、月下香、风信子、紫罗兰、玫瑰、薰衣草、茉莉等花卉品种。众所周知，世界的浪漫在法国，法国则看格拉斯，法国香水产量占世界出口总量的 40% 左

右，是世界第一大香水出口国，格拉斯则是法国香水第一生产地。格拉斯香水制造业相当繁荣，著名的香奈儿 5 号香水即诞生于此，小镇围绕香水产业建设了大规模香水工厂、博物馆等景点，在每年茉莉盛开的时候，格拉斯小镇会举行盛大的"茉莉花节"，热闹的篝火晚会、派对活动、民间表演、音乐会等吸引着全球各地游客参观（孙佳佳，2019）。

2. 小镇建设经验启示

格拉斯香水小镇是产业转型升级的典型，小镇最初的产业为皮革制造业，但因污染严重转型发展花卉种植，之后又围绕花卉开展花卉加工产业、开展香水产业探索，延长香水产业链，借助花的精髓，发展特色产业，同时围绕花卉、香水产业发展旅游观光，经过多次产业转型，格拉斯小镇最终打造出以绿色种植农业为基础（鲜花）、新型工业为导向（香水）、现代服务业为支撑（旅游）的经济发展模式。小镇生命力因此壮大，优美的生活环境吸引了大量人员在此就业生活。特色产业型小镇建设，要求小镇产业独具地区特色，并且具有一定的发展规模，特色产业特而精，小镇特色产业链、价值链完全可以支持小镇经济基础，以该产业形成可持续发展动力。格拉斯香水小镇高度重视第一、第二、第三产业的融合，将种植、产品深加工、休闲旅游、生态宜居等同小镇建设融合，注重品牌的塑造和营销，打造知名品牌，扩大产品知名度，提高附加值（孙佳佳，2019）。

案例二：生态旅游型——澳洲壁画小镇

1. 小镇概况

谢菲尔德小镇位于塔斯马尼亚北部的罗兰山脚下，离摇篮山 63 千米。谢菲尔德自 1858 年一直都是以农业、牧业、采矿业、林业为主。1985 年后，当地小镇居民开始借助摇篮山旅游资源加以壁画创作，以壁画吸引游客。小镇内的店铺房屋全部涂满油画壁画，吸引了来自世界各地的艺术家在此作画。步入小镇，就如来到了一个"壁画王国"，整个镇子就像一本立体的图画书一样，凡小镇看得见、摸得着的地方，都被壁画所覆盖，银行提款机、唱片店、咖啡馆、餐厅、私人邮箱都以壁画装饰，甚至连多年没人入住的空屋的墙和屋顶上也都被壁画占满了。在这里，业余或专业的画家在发疯似地拼命作画，几乎不给小镇留下半点空白。当地政府注重生态文化保护，增加绿化面积和小镇生态循环能力（孙佳佳，2019）。

2. 小镇建设经验启示

小镇建设注重与周边景区结合，形成规模旅游资源，壁画小镇有效利用了摇篮山旅游资源，加大当地生态文化保护，构建美丽宜居宜业的环境，并借助壁画打造特色吸引着国内外游客。该小镇将数以百计的名家壁画装饰于小镇古老建筑外墙，向游客讲述小镇的发展历史，同时注重生态环境的美化，小镇壁画产业的兴旺吸引了全世界各地知名画家来此落户定居，从而形成良性循环链。谢菲尔德小镇发挥名人效应，举办各种壁画比赛，创办"壁画节"，邀请国内外爱好壁画创作的人士报名参加，加大小镇宣传力度，丰富壁画小镇内涵（孙佳佳，2019）。

第二节　国内县域城镇化建设实践及启示

一、邵东县城镇化建设实践

湖南省邵东县位于邵阳市东部，地势南北崛起，中部抬升，分向东西倾斜，辖4乡18镇3街道，2019年7月12日，经国务院批准，民政部批复同意撤销邵东县，设立县级邵东市；是典型的中部农业区，人多地少，从事工商业人口极多，户籍人口134多万人，有43万人在外地外省城镇经商，该县常住的91万人中，城镇人口为51万，因此总人口城市化率实际已达70%，赶上欧洲平均水平。邵东县城已发展为30余万人的中等城市，基本完成农村城镇化进程。其主要做法总结如下：

1. 坚持以人为本，充分发挥农民主体作用和首创精神

以方便群众生产生活为规划设计的出发点，推进以供水建设、供气建设、垃圾治理和污水治理的"两供两治"建设，扩大基本公共服务覆盖面，提升发展服务水平，促进经济社会协调持续发展。

推进农村改革和制度创新。充分发挥农民主体作用和首创精神，不断解放和发展农村社会生产力，激发农村发展活力。加快推进农业现代化，夯实农业基础地位，确保国家粮食安全，提高农民收入水平。加快建立现代农业产业休系，延伸农业产业链、价值链，促进第一、第二、第三产业交叉融合。同时，高度重视农村社会治理，加强基层党组织的建设和政权建设，增强集体经济组织服务功能，提高基层组织的凝聚力和带动力。

2. 坚持产业支撑，推进产城融合发展

近年来，邵东县坚持"兴工旺商、转型升级"发展战略，不断引进和培育工业企业，逐步实现"邵东制造"向"邵东智造"和"邵东创造"

转变。邵东县作为全省工业强县，统筹把握高质量发展与高速度增长，把发展的着力点放在实体经济上，以项目建设为中心组织经济工作，做强商贸和工业"双引擎"，加快资金和人才"双集聚"，推动动力和活力"双增强"，在建设创新富裕宜居邵东的征程上迈出了坚实的步伐。

按照"以产兴城、以城促产、宜居宜业、融合发展"的总体要求，以增加城市活力、优化要素配置、促进平衡为目标，促进第一、第二、第三产业集约发展，推动产业与城镇融合发展。近年来，邵东县着力打造了以下方面：①农业"十大基地"，按照集中连片经营的基本思路，引导农业基地化生产，重点建设10大特色产业园，发挥园区示范带动作用，培育形成"一村一品、多村一品"的规模化发展格局。②工业"一园二区六基地"，按照企业入园发展，乡镇工业集聚发展的思路，打造形成分工明确、特色产业突出的"一园二区六基地"工业发展格局。乡镇工业基地主要发展特色产业，引导产业集聚发展。③服务业"一城二园五中心"，坚持"综合市场+专业市场+城市综合体"的发展思路；商贸业打造形成"一城二园五中心"的"空间集聚、业态多元"的商贸服务业发展格局。④改造提升六大传统产业，即五金、打火机、皮具箱包服装、中药材加工、印刷包装、农副产品加工。⑤培育壮大六大新兴产业，即交通装备制造、电器设备制造、机械设备及其配件、生物医药、新能源、新材料。

3. 坚持市场主导，改革城市投融资体制

加大城镇基础设施建设的筹资来源。县、乡镇两级设立城建资金归集专户，归集城建资金，确保专款专用。凡城市维护建设税、出租车特许经营权转让费、城市公用事业附加、污水处理费、垃圾处理费、城市基础设施配套费、城市公共设施冠名权有偿使用费、城市道路占用费和挖掘修复费、排水设施有偿使用费等费用金额返回用于城市建设和管理，土地出让金和土地租赁金在财政部门征收后全额返回用于城市建设和管理。县财政每年安排一定数量的新型城镇化建设引导资金用于乡镇集镇建设，并逐年递增。

加快推动城市建设经营市场化步伐。逐步放开资本、经营和作业市场，着力形成政府引导、市场运作的经营机制。深化投融资体制改革，探索建立 PPP 项目投资基金和全县 PPP 项目信息平台。对经营性、准经营性项目，广泛采用 PPP 等多种方式建设，吸引社会资本全面参与城市基础设施领域。积极争取国家政策性银行和商业性银行贷款。完善特许经营制度和市政公用事业服务标准，强化政府监管。建立健全有利于资源节约、环境保护和推进市政公用事业市场化的价格机制。

完善城市建设投资公司法人治理结构。采取注入资本金和优质资产等方式，做实做大城市建设投资公司平台。加快市政公用企事业单位改革步伐，形成自主经营、自负盈亏、自我发展、自我约束的市场主体。

4. 引导邵东人回乡投资创业

近年来，邵东县大力实施开放带动、民营主体发展战略，"县、乡、村"三级通过打"亲情牌、感情牌、政策牌"，积极引导在外的致富能人回乡创业，掀起大众创业新高潮。培育和壮大城镇村产业，让城乡居民收入增加，贫困群众能脱贫、稳定脱贫。为此，邵东县主要从以下几个方面采取了引导措施。

第一，强化机制创新，激发发展活力。坚持以体制机制创新为核心，增强招商引资实效，激发园区发展活力。一是建立联席会议制度。建立健全招商引资、项目履约、园区建设、配套服务等联席会议制度，县领导牵头，定期联系会商，为园区建设提供有力组织保障。二是建立事权集中机制。先后出台鼓励外来投资、加快开放型经济发展等相关配套文件，简化办事程序，对法律规定不能授权的部门在开发区设立派驻机构。三是健全民间融资机制。在土地出让、纳税、项目报建规费上给予优惠政策，鼓励引导民间资本全方位、多层次、宽领域参与湘商产业园区建设。四是健全招商引资机制。坚持招商政策向园区倾斜、招商项目向园区集中，吸引更多老乡回家投资兴业。

第二，强化项目建设，增强发展后劲。坚持以邵商优势项目为核心，加快园区项目建设，增强园区经济内生动力。一是加快湘商产业园建设，如邵东湘商产业园集群主要发展了皮具箱包、印刷、服装、五金、电子等产业。二是立足本地产业培育一批项目，如在小五金、打火机、机械制造、皮具箱包、印刷包装、中药材加工等传统优势产业领域培育壮大一批新的项目，均出邵商回家兴建。三是着眼长远发展承接一批项目，如成功引进海南海药、印刷产业园等一批投资在10亿元以上的重大发展项目。同时，设立电商产业园，实施"互联网+"行动计划。

第三，强化主动服务，优化发展环境。坚持以服务邵商发展为核心，充分运用法律、经济、行政多种手段，努力营造良好发展环境。一是优化政务服务。凡涉及园区标准化厂房建设的行政审批审核事项，由县政务服务中心全程代办，严格实行一站式服务和限时办结制。二是破解要素瓶颈。在融资、土地保障、人才保障、财政支持等方面推出系列保障措施。三是净化施工环境。持续深入开展打黑除恶专项行动，对恶意破坏企业正常生产生活、阻工闹事、强装强卸、强买强卖等不法行为，坚决从严从快打击，维护企业合法权益，促进企业健康发展。

二、河南"中鹤模式"实践

中鹤集团，全称为河南中鹤现代农业产业集团有限公司，集团成立于1995 年，注册资本 10.28 亿元，正式员工 3 000 余人，集团总部设在郑州市郑东新区 CBD 商务外环路与九如东路交汇王鼎国际 19 楼。中鹤集团是从事农业产业化全产业链经营的集团公司，拥有农业开发、集约化种养、粮食收储与粮油贸易、小麦加工产业、玉米加工产业、豆制品加工产业、零售业、环保与能源等相关产业，是国家财政参股企业、国家"十一五"食品安全科技攻关项目示范基地、河南省重点龙头企业。生产基地、工业园区位于鹤壁市浚县；依托国家对农业发展的政策支持，已发展成为一个占地 5.8 平方千米的粮食精深加工产业园。

河南浚县依托大型农业产业化龙头企业中鹤集团，采取市场化方式探索农业现代化与新型城镇化协同推进、城乡一体化建设的路子取得了良好成效。其主要做法为：

一是发展现代农业，以集中流转的土地为依托，以企业集团为主导推进规模化生产和产业化经营，发展全产业链的现代农业。土地流转后，农业的生产方式由种植业转向养殖业和加工业，中鹤集团走上"一产接二（产）连三（产）"的产业融合之路：在第一产业中，统一规划、统一经营，全面布局农业综合开发体系，显著提高了农业生产率。在第二产业中，通过使用羊粪做成的有机肥种植粮食、蔬菜、水果等农产品，进而深加工后形成自有品牌的产品端上百姓餐桌，确保消费者舌尖上的安全。中鹤集团利用产业链前端农业提供的原料优势，将自有基地出产的各色蔬菜榨汁后与挂面进行多元化的结合，满足了市场上消费者对营养健康食品的需求。在第三产业中，加快当地物流以及观光休闲农业的发展，培育当地新的经济增长点，有效促进当地城镇化进程。

二是促进农民就地转移就业，在土地规模经营的基础上，大量农村富余劳动力转移到农产品加工园区工作，成为产业工人；一部分转化到新拓展的种养一体农业中；一部分在社区配套建设的学校、医院、商业、服务设施就业。

三是并村建立农民集中社区，通过农村第一、第二、第三产业融合发展，建设集中居住社区，直接和间接提供上万个就业岗位，同时有序开展农户宅基地置换，以宅基地置换和特定标准内免费或低价供应住宅的方式，实现了当地农民的就地城镇化。

四是全面推进城镇建设，由政府出资引导和筹集多元化商业资本，全面建设住宅、商业和公共设施一体的新型城镇社区。

三、特色小镇建设——龙泉市上垟镇

上垟镇，隶属于浙江省丽水市龙泉市，地处龙泉市西南部，东与八都镇、小梅镇相邻，南与庆元县黄田镇接壤，西南与福建省浦城县富岭镇相连，西北与宝溪乡毗邻，北、东北与竹垟畲族乡接壤，距龙泉市区 36 千米，区域总面积 157.4 平方千米。截至 2019 年年末，上垟镇户籍人口为 17 315 人。上垟镇是我国著名青瓷的发祥地，镇中保留着大量原青瓷国营厂遗址，李记、曾记、张记等老字号青瓷作坊保护完整。2008 年，上垟镇的青瓷园区被授予"浙江省中小企业创业基地"称号。2012 年 9 月，上垟镇被中国工艺美术协会授予"中国青瓷小镇"荣誉称号。2016 年 10 月 14 日，上垟镇被列为第一批中国特色小镇。2017 年 11 月，上垟镇被评为第五届全国文明村镇。

近年来，在龙泉市委、市政府的正确领导下，全镇干部群众上下一心，深入实施"生态立镇、工业强镇、文旅兴镇"发展战略，各项主要经济指标保持良好态势。龙泉市上垟镇产业和镇村建设的主要做法如下：

1. 以产业发展，实现第一、第二、第三产业转型升级

绿色农业提档升级，培育浙贝母药材种植基地 2 个、省级粮食绿色高产高效示范基地 1 个；发展山茶油、食用菌、香榧等基地；投入资金建设高标准农田。生态工业提质扩量，全镇规模以上企业 4 家，近五年规模以上工业总产值为 10.51 亿元；培育国家高新技术企业 1 家、省科技型中小企 3 家；新建竹木小微园，招引年产值 2 100 余万元的竹鞋架项目入驻。文旅服务业提速增质，青瓷小镇景区近五年实现年均接待游客 78.34 万人次，五年旅游总收入达 26.57 亿元；民宿规模持续壮大。

2. 以美丽乡村建设打造"特色乡村"

打造"特色乡村"，木岱口、五都垟、花桥、生源等村创成新时代美丽乡村，泗源村创成精品花园乡村。2019 年花桥村成功申报省 A 级景区村。2020 年双源、木岱口两个村分别申报省 A 级、2A 级景区村。上垟镇积极推进国家级卫生乡镇、"美丽乡村"和"文明乡村"建设。新建改造了公厕，开展创建垃圾分类示范村工作，五年来建成文化礼堂 12 个、农村书屋 12 个、新时代文明实践站 13 个，举办乡村春晚，开展老年腰鼓、舞狮表演、送戏下乡等乡村特色文娱活动。

四、特色蔬菜产业带动——定西市内官营镇

西部甘肃省定西市，本是全国闻名的"三西"农村贫困区之一。在近年的城镇化运动中，定西利用高原优势，种植的蔬菜远销全国。如内官营镇以蔬菜种植销售为龙头产业，4 万多人从事相关劳务，年总收入 7 亿多元。内官营镇区店铺林立，一派繁荣景象。

内官营镇位于定西市安定区西南部，距定西市区 25 千米，全镇辖 35 个行政村 289 个社，常住人口 1.5 万户 58 058 人。全境地处黄土高原丘陵沟壑区，总流域面积 308 平方千米，总耕地面积 21 万亩，其中保灌水浇地面积 5.5 万亩。年平均降水量 516.7 毫米左右，年平均气温 7.4℃，无霜期 138 天，属半干旱气候区。1995 年 3 月，内官营镇被国家建设部评为"全国小城镇建设试点镇"；2002 年 10 月被中央精神文明建设指导委员会评为"全国创建文明村镇工作先进单位"；2005 年 10 月，被中央精神文明建设指导委员会评为"全国文明村镇"；2011 年 6 月，被中共甘肃省委评为"全省先进基层党组织"；2011 年 7 月，被中共中央组织部评为"全国先进基层党组织"；2014 年 7 月份，被国家住房和城乡建设部、国家发改委等七部委确定为"全国重点镇"；2021 年，被中共甘肃省委、甘肃省人民政府评为"脱贫攻坚先进集体"。定西市内官营镇发展的思路主要是：

1. 抓基地，求规范。在种植布局上，通过多年的标准化建设管理，全镇已形成"四大基地"：以先锋、万崖塑料大棚为主的碱地芹菜种植基地；以乌龙、清溪为主，辐射内官、锦屏、林川、边家、永丰、永安等村的甘蓝种植基地；以万崖、先锋、内官、锦屏、乌龙、清溪、永丰、永安等村为主的设施农业基地；以庆丰、右丰、安连、进化、东岳等山区村为主的旱地蔬菜基地。通过示范，辐射带动周边村镇蔬菜种植面积逐年扩大，特

别是以旱地辣椒和西葫芦为主的旱地蔬菜在浅山区发展较快,种植面积近1万亩。

2. 抓质量,树品牌。组建全镇农产品质量监督管理站,配备专职人员5名,并在11家蔬菜恒温库购置了速测仪器,组建农产品质量安全检测室,鼓励使用生物肥,严控化学农资,杜绝高毒、高残留、高浓度农药的使用,确保全镇蔬菜产品抽检的高合格率,保障了农产品质量安全。甘蓝、番茄、西葫芦、菊芋、胡萝卜5个品种先后获得省农牧厅无公害产地认证;甘蓝、胡萝卜、大白菜、芹菜、辣椒、洋葱、西葫芦、花椰菜8个农产品获得中国绿色食品发展中心绿色食品A级产品认证,并在国家工商总局成功注册了"内官"和"绿瑞"牌蔬菜商标。

3. 抓设施,增产量。通过"政府补贴、农户自筹"的方式,投资2 000多万元,先后建成日光温室125座,钢架大棚5 000座,竹木棚6 200多座,设施农业种植面积达5 000亩。全镇已形成"高原夏菜与反季节蔬菜相结合,精细蔬菜与速生叶菜互补,早中晚搭配,一年二至三茬"的蔬菜种植模式,延长了蔬菜的生育周期,实现三茬种植,提高了单位面积产量,增加了农民收入。

4. 抓销售,增销路。借助民间集资及招商引资,先后在镇域建成蔬菜恒温储藏库11处360间,日储藏量可达万吨以上,冷藏库每间月租赁收入达到3万元至3.5万元,年总收入4 000万元以上。蔬菜上市期间,由200多人组成的营销队伍,在全国各大市场开展对外营销,并在北京、上海、浙江、广东、福建、江苏等省份开辟直销窗口33个,年销售量达40万吨。同时,在田禾源建成了全区高原夏菜信息平台,及时发布蔬菜市场信息,品牌营销服务功能不断增强。

五、国内县域小城镇建设的重要启示

(一) 坚持以人为本,城乡融合

因地制宜、循序渐进,尊重基层首创精神,鼓励探索创新,凝聚各方共识,实现重点突破,总结推广经验,扎实有序推进县域小城镇建设。城镇化最本质的内涵是"人的城镇化",县域城镇化应坚持农民的主体地位,充分调动其参与城镇化建设的积极性、主动性和创造性。尊重农民的首创精神,在村镇规划、设施建设、产业布局、治理服务等方面要充分吸收所在镇村域的居民的有益建议。实现城镇化的公平,让发展的成果充分惠及广大农民，为其增加收入、转移进城创造良好的基础和条件。要合理引导人口流动，有序推进农业转移人口市民化，稳步推进城乡要素平等交换和公共资源均衡配置，使城镇基本公共服务常住人口全覆盖。通过多方面努力增强具备条件的农民进城安家落户的意愿，使城市居民有归属感、幸福感，从而为推动县域就地城镇化发展注入强大动力。

坚持城乡融合发展，突出城市与乡村的整体性，把城乡作为一个有机生命体，统筹推进新型城镇化和乡村振兴战略，以体制改革和试点突破为总策略，高水平重塑城乡关系，促进资源要素在城乡之间的优化配置和自由流动，推动城镇化由以往的城乡不平衡向城乡融合发展。加快构建城乡融合发展的体制机制和政策体系，充分发挥市场在城乡要素资源配置中的决定性作用，更好地发挥政府在推进城乡基本公共服务均等化方面的作用，推动要素资源更多地向农村配置。全面推进"产村人"融合，农村第一、第二、第三产业融合，农村生产生活生态文化融合，实现农业强、农村美、农民富的有机统一。

（二）推动三产融合，特色发展

着力壮大产业总量规模，努力推动产业结构迈向中高端，要找准各小城镇主题定位，采取差异化发展对策，根据小镇建设不同阶段适时调整特色小镇三产比例，最终实现三产融合发展、县域各城镇联动互进的良性格局，为新型城镇化建设提供有力支撑。优化产业园区发展布局，将产业园区作为城镇社区精心打造，把城镇社区提升为"产业发展服务区"，实现单一的生产型产业社区向城镇特色功能或多功能型社区转变。

"特色"是县域城镇化发展的重要基础和前提保障，推进县域城镇化要结合县域优势特色，走因地制宜、循序渐进的发展道路，充分凸显县域发展优势。要精确定位产业发展方向，找准县域各城镇最具核心竞争力、可持续发展能力的产业或资源，围绕核心产业开展一系列建设，坚持核心的打造，利用当地可利用的综合资源优势，做大做强特色产业，形成可持续发展动能，凸显小镇主题性，形成完整产业生态链。罗霄山郴州片区地处丘陵、山区，属于全面脱贫县。进入新阶段，该地区发展的基本任务在于如何在全面推进乡村振兴中巩固脱贫攻坚成果，实现广大城乡居民收入的可持续增加，确保脱贫户生计的可持续性。因此，推动县域小城镇特色发展，将会成为实现这一基本任务的一个重要抓手。

（三）营造重点特色镇的产业集聚生态

一个成功的特色小镇应具有浓厚的集聚生态，其主打产业和文化特色应具有超强辐射带动能力，以"核心产业、科学技术、探索创新"三核促进产业集聚、推动地方产业转型升级。在特色小镇建设中，如何将小镇建设同地方历史民俗、文化风貌实现有机融合，用文化要素提升产业含金量是其成功的关键，真正将文化作为产业发展的内生动力，特色小镇所提倡的宜居、人文、环保、可持续等理想化发展目标自然就容易成为现实。特色产业上下链带动能力加上相关产业功能的辐射带动能力，将形成小镇产业核心竞争力，美丽宜居宜业的小镇环境，无疑对人才也具有巨大的吸引力，人才的引进又将再次带动科技的创新和管理的进步，促进相应基础设施及服务水平的提高，从而形成良性循环，提升特色小镇层次。

特色小镇建设中要重视与周边城乡的合作疏通。小镇多为城市地区之间的结合点，多处于城乡接合部或是城末乡头的乡镇边缘。特色小镇建设要注重同周边城镇环境相结合，包括旧村改造、污水共治、美丽乡村创建等各方面，特色小镇和周边城乡可通过特色产业创建和基础设施建设促进区域经济发展。同时，以新农村建设和美丽乡村现代化建设来丰富小镇建设内容，完善生态、生活功能支持，打造城乡无缝对接的新模式，促进城乡统筹发展。

（四）创建生态文明，打造文化魅力

生态是城镇化发展的底色，应坚持"绿色"生态之路，把生态文明理念全面融入县域城镇化进程，推进绿色建筑、循环发展、低碳出行，节约集约利用资源，强化环境保护和生态建设，形成绿色低碳的生产生活方式和完善的城镇建设运营模式。避免在县域城镇化进程中对生态环境造成污染。坚持"经济效益、社会效益、生态效益"的有机统一，推动县域城镇化的可持续发展。

因此，在县域城镇化进程中，应当充分挖掘当地文化内涵，保护好历史文化遗产，传承优秀传统文化，体现区域差异性，展示有历史记忆、文化脉络、地域风貌、民族特点、各具特色的城镇风貌。同时，着力打造有魅力的特色小镇生态圈，在生态环境可接受的容量下，将对当地生态、水文、环境等造成的影响降到最低，坚持打造绿色主线，打造人文、和谐、现代、有序的社会文化生态系统，在以特色产业为基础的同时开发创新文化、时尚文化，并与历史文化、民俗文化有机结合，将镇村打造为传统与现代气息的结合体。

（五）坚持市场主导，政府引导

正确处理政府和市场关系，使市场在资源配置中起决定性作用，更好地发挥政府作用，推动城乡要素自由流动、平等交换，推动新型工业化、信息化、城镇化、农业现代化同步发展，加快形成工农互促、城乡互补、全面融合、共同繁荣的新型工农城乡关系。

罗霄山区经济基础比较薄弱，仅凭市场的力量难以完全支撑其新型城镇化建设。因此，需要政府进行适当的干预。这就要求各级政府通过推出完善的配套政策措施来积极引导和支持，从而推动罗霄山片区新型城镇化顺利进行。这是基于以下几点原因：首先，农户、企业的力量有限，在全局统筹以及资金供给方面先天不足，难以形成规模效应；其次，市场机制并非万能，也会存在市场失灵的空间，政府的干预可及时对之进行矫正；最后，罗霄山片区县域农村在资金、技术及人才等方面均有着巨大的劣势，政府应组织招商引资，吸引外部要素流入，推动"龙头"企业和行业性市场的建立，努力争取政策优惠和新的发展机遇，改善城镇化必需的基础设施条件。充分发挥政府在制定政策、编制规划、提供公共服务和营造制度环境等方面的作用。尊重市场规律，通过市场资源配置，鼓励社会资本投入，调动各方面资源参与新型城镇化建设。

第七章 罗霄山郴州片区县域城镇化发展的路径

　　罗霄山郴州片区宜章、汝城、桂东和安仁四县自然生态优势明显、历史文化厚重，但广大县域相对于发达地区，在地理空间畅通、交通便利程度方面仍然有差距；同时，农村居民点规模较小、人口分布较为分散、劳动力外流严重、可建设用地少，这就决定了四县难以像发达地区快速通过"乡村工业化"带动"农村城镇化"，从而实现新型城镇化水平的大幅提升。同时，四县受用地及基础设施建设条件制约，加之生态环境具有高敏感性，使之对外来投资的吸引力比较有限，因此也难以通过外来资本大规模推动其城镇化的进程。因此，当前阶段，四县县域农村不能走单一的新型城镇化道路，而应因地制宜，在发挥自身比较优势、做强传统优势产业的基础上，通过新型工业、现代农业、现代服务业"三业并进"，促进城镇镇区、工业园区、特色农业区"三区共建"，实现人口及产业在城镇空间的集聚；同时，围绕人的需求，强化产业支撑、生态环境保护、完善公共配套服务的建设以及制度保障，切实推进"宜居""宜业"的城镇建设。该片区应实现县域经济大发展，走一条"特色农业+新型工业+商旅服务业+人口转移"的多样化新型城镇化道路。

第一节　以三区共建带动城乡融合发展

　　该片区应统筹推进现代农业、新型工业、现代服务业"三业同进"，促进城镇镇区、工业园区、特色农业区"三区共建"，培育经济强县，做精做优特色小镇，打造一批工业强镇、商贸重镇、文化古镇、旅游名镇、省级边界要镇。

一、优化城镇镇区体系，为产业和要素集聚奠定良好基础

城镇村体系的优化和形成，能为产业或产业集群发展构建良好的空间载体。产业通过这一载体吸引了众多的资金、人才、原料等要素，从而产生规模经济，再通过城镇间的网络将产品输送到各个市场。完善的城镇村体系作为城乡融合发展的骨架和节点，能在城市和乡村之间形成产品、要素的良好互动，从而发挥各城镇节点的辐射带动作用，使乡村剩余资源向城镇地及时地流动。

新型城镇村体系崛起所带动的城乡融合发展，是一个缩小区域发展差距、推进基本公共服务均等化、促进生产要素跨区域流动，进而实现城乡共同发展的过程。通过城乡要素的自由流动和组合，新型城镇村构建、农业现代化与工业化协同推进，能够优化农业生产力布局，提高农业生产效率，形成城乡一体化、均衡发展的经济体（刘长庚，2021）。构建新型城镇村体系要树立规划先行的发展理念，做好国土空间规划、镇区规划、村庄规划、社会化停车场和物流中心规划，不断完善镇区功能，构筑区域互动、镇村联动、优势互补的新型城镇体系。

罗霄山郴州片区县域城镇体系优化要紧紧围绕郴州市"一极六区"发展战略，积极发挥政府的规划引导作用和市场主导作用，充分放大区位优势和资源互补优势，积极加强与拓展同郴州市城区及周边县市的经济联系与产业协作。要以系统观念对县域通盘做好城乡规划和空间布局，有序推进城市新区建设和城乡接合部更新，促进县域内小城镇科学布局、合理分工和特色发展；做实城镇村网络节点，完善综合运输通道，构筑生态、交通和信息基础设施网络，形成"县城中心区增长极—重点镇为支撑——般镇/新型农村社区为基点"的层级清晰的县域城镇化体系结构。

（一）全力打造县城增长极

县城是连接区域中心城市和县域乡村的纽带，是连接县域城镇和乡村的重要平台，作为县域城镇村体系的龙头，县城担当着县域经济增长极的重要使命。建设好县城，要立足于将县城中心城区打造成宜居宜业现代化新城，优化城市空间，推进城市扩容提质，不断完善城市功能，提升城市品质，提升中心城区综合承载力。要通过加大工业园区、商务区、特色街区的建设力度，提升县城中心区的要素集聚能力和对县域经济的辐射带动

力，从而将县城中心区打造为县域经济增长的核心支撑区。并以县城为载体的新型城镇化带动辐射乡村基础设施快速提升，基本公共服务能力不断增强，城镇化率持续提高，农业转移人口市民化加快。这样，在城乡融合发展进程中，通过城乡一体化体制机制建设，发挥城市基础设施和农业产业化发展对农村的带动作用，以实现城乡互促共进。

罗霄山郴州片区四县在塑造县域城镇化协同发展新格局、打造县域经济增长极中要立足自身区位优势、资源优势实现差异化发展。宜章县作为郴州市"一核四极、两轴四带"的一极，凭借自身在郴永宜、郴资桂"大十字"城镇群协同发展的地位和机遇，应积极参与融城融业、共建共享，不断彰显其作为郴州市副中心城市的功能和作用。宜章县要围绕"红色传承、绿色发展"这一主题，积极开展与湘赣边、湘粤边以及区域内汝城、桂东两县及其周边小镇的交流与联系，充分挖掘和整合红色资源优势，引领汝城、桂东两县红色产业发展，共同打造湘赣边区域合作示范区、湘粤区域经济合作示范区。同时，有序推进城市新区建设和城乡接合部更新，提升城市功能，加快人口集聚，增强城市辐射带动力。安仁、汝城、桂东三县要突出差异化特色，构建"一县一业一特一优"高质量发展格局，形成县域核心竞争力。

要在县城中心区的整体风貌和文化内涵方面彰显罗霄山片区巩固脱贫攻坚成果与全面推进乡村振兴有效衔接下城市建设独有的魅力，以提升县城的品位和宜居宜业的吸引力。

一是要高起点规划。主要体现在：要做好路网、水系和城市片区的规划，要充分考虑道路的走向、城市排水和供水的未来承载能力，要具备沿河发展的理念；同时要科学合理地做好城市工业区、生活区、服务区、文化区等的规划，实现城市各部分在时间和空间上的协调。二是高标准建设。要做放心工程和精品工程。质量上要高标准，确保人民群众生命财产安全。同时，在建筑造型上要高标准。既要符合县城的实际情况，又要体现时代特征；要将现代元素与县域生态工业、生态农业、生态城镇、红色文化、经典民俗文化、农耕文化等元素进行有机融合。

（二）促进重点镇特色发展

重点镇是一定县域范围内的政治、经济和文化中心，相比一般建制镇，在人口规模、区位条件、基础设施建设以及经济发展潜力等方面具有相对优势。推动中心镇和特色镇的建设将很好地发挥其连接城乡、服务农村、带动周边的作用，从而为推进农业现代化、农村城镇化和农民市民化，并为最终实现城乡经济社会融合发展找到突破口。重点镇所具有的优势使之能对周边地区的农村劳动力产生一定的"拉力"效应。此外，相比一般城市，重点镇因城市规模较小而不易滋生"城市病"，并且其更接近乡村地区，因此对畅通县城与乡村地区间的人流、物流以及信息流，缩小城乡发展差距、形成城乡融合发展格局上具有重要的桥梁和节点作用。

基于自然地理、资源禀赋、文化特色方面的不同，罗霄山郴州片区四县应通过错位发展加快推进重点镇建设。此外，应突出重点镇对小集镇和中心村的带动作用，着力形成以重点镇为中心的镇村经济单元，加大集镇的基础设施建设，构筑"廊道效应"和"交通节点作用"明显的交通网络，强化重点镇与上下层级单位的纵向联系。完善相关基础设施及配套服务设施的建设，提升重点镇的服务能力和吸引力。

因此，发展重点镇，要依托产业基础和资源优势，分类推进、分类建设一批带动力强的特色重点镇。

首先，要进一步加强新型城镇化试点镇的规划工作，应在设施、产业、服务、品质和治理等方面提高城镇建设规划水平，如：宜章县梅田镇、一六镇、岩田镇、栗源镇，汝城县热水镇、暖水镇、土桥镇，桂东县大塘镇、清泉镇，安仁县龙海镇、金紫仙镇；以四县的试点镇为支撑，推动城乡基础设施互联互通和基本公共服务普惠共享，建构全域覆盖、层级叠加的镇村生产生活圈体系。形成以重点镇为中心的镇村组团式、微田园、集群化发展，打造规模适度、特色鲜明、生态宜居的现代化小城镇。

其次，积极培育新型特色小镇。选取试点镇开展强镇扩权改革，兼并扩容、社区化建设等举措，加强小城镇基础设施建设，提升其与周边区域中心城市、县城公共服务的共建共享水平，促使这些小镇形成特色，推动高质量发展，如安仁的安平镇、桂东的沙田镇。另外，通过打造旅游文化产业培育特色小镇。加大基础设施建设，整合特色文化资源。文旅融合，壮大发展乡村旅游新业态，推进传统村落跃升为特色小镇。如：建设湖南沙洲红色文旅特色产业园，走"旅游景区就地城镇化"的新型城镇化道路，带动文明集镇、延寿集镇融合发展；桂东县寨前镇就利用红色文化资源打造成了红色文化示范镇。同时利用微型产业集聚区为空间单元发展先进制造类、康养服务类、农业田园类特色小镇。通过这些基础条件好、发展潜力大的中心镇和特色镇的发展壮大助力县域经济振兴。如灵官镇，是全国农业产业强镇示范镇和湖南省第一、第二、第三产业融合强镇示范镇，获得过全省人民满意公务员集体、全省脱贫攻坚先进集体的荣誉；综合绩效考核连续四年排名全县第一；2020 年度全镇 14 项工作获得全县干事创业真抓实干单项奖，获奖数量和获奖金额在 13 个乡镇中排名第一。因此，应紧扣乡村振兴战略部署，力争把灵官镇打造成郴州市经济发展强镇。推动中心镇和特色镇的建设，发挥其连接城乡、服务农村、带动周边的作用，从而为推进农业现代化、农村城镇化和农民市民化，并为最终实现统筹城乡经济发展找到突破口。

（三）推进一般镇和新型农村社区建设

在本书中，一般镇主要是指一般建制镇和各类非建制的自然集镇。建制镇的原意是"经省、自治区、直辖市人民政府批准设立的镇"。所谓一般建制镇，是指在建制镇中，人口规模、区位条件、基础设施建设以及经济发展潜力等方面并不具有比较优势，这与重点镇形成了鲜明的对比；非建制的自然集镇，一般是指乡、民族乡人民政府所在地和经县级人民政府确认由集市发展而成的作为农村一定区域经济、文化和生活服务中心的，介于乡村与城市之间的过渡型居民点。而新型农村社区，是指打破原有的村庄界限，把两个或两个以上的自然村或行政村，按照统一要求，合并建设新的居民住房和服务设施，统一规划和调整产业布局，组建成新的农民生产生活共同体，形成农村新的居住模式、服务管理模式和产业格局。新型农村社区虽然并没有"建制镇"的地位，但无论是从组织形式还是功能层面来看，与建制镇存在诸多相似之处。一般镇和新型农村社区在我国城镇体系中，是最基层的组织构建，是城镇体系的战略支点。因此，新型城镇体系的构建离不开乡村建设，应着力形成包括乡村新型中心示范社区在内的县域新型城镇格局。中心村是产业基础好、生态环境优、村庄规模大、区位交通具有优势的村庄，是以城镇化带动乡村发展的重要载体。在构建新型示范村的过程中，应引导鼓励中心村做强特色优势产业，带动三产融合发展，并加强人居环境整治，健全基础设施和服务体系建设。

罗霄山郴州片区四县地处丘陵，以山地为主。在目前情况下，由于居住分散，公共设施水平和农民收入水平还不太高，要实现大规模的推进农村人口向县城及其他区域中心转移不太现实。如果通过规划引领，对土地进行适当整理，遵循有利于农民居住条件、生产生活条件改善的原则，适当推进新居工程建设，引导农民向场镇和聚居点集中，建立起一定规模的

"中心村"（包括撤乡建镇后的居民点），为农民的生活质量逐步向城镇化方向发展做铺垫，随着这种村的示范效应的引领，会有利于推动迁移、融并小自然村和零星户的进程，从而为破解城乡二元结构提供广泛的实践基础和群众基础。

在乡村振兴全面推进背景下，可以一批美丽乡村和乡村振兴示范创建村、乡村旅游示范村、休闲村等的创建为主要抓手，以市场需求为导向，以自然生态环境为依托，以特色种养业、康体养生、生态旅游休闲产品为支撑，扶持发展"一镇一业""一村一品"，通过整治提升、完善基础，推进农村垃圾、污水治理，开展农村人居环境整治等综合改革，增强乡村发展活力，建设宜居宜业宜游具有特色风情的美丽村镇。另外，根据区域资源禀赋和发展条件，还可以通过易地扶贫搬迁社区推进新型农村社区建设，并以此为基础向建设特色小镇的方向迈进。

1. 安仁县美丽乡村建设案例

安仁县永乐江镇山塘村距县城 6 千米，曾是国家级贫困村。总耕地面积 820 亩，旱土 150 亩，山林面积 4 000 亩。该村 2008 年村民人均年纯收入为 1 160 元，远远落后于全县平均水平，而村集体收入负债 20 余万元。近年来，山塘村在脱贫攻坚等系列政策推动下，各项事业取得了长足发展。截至 2020 年年底，村民年人均纯收入超过 1.5 万元，村集体经济年收入突破 55 万元，并先后获得了"全国乡村治理示范村""全国文明村""中国美丽休闲村""全国乡村旅游重点村"等荣誉称号。该村发展的路径主要是依靠设施建设、产业发展、治理和服务水平的提升来推进村庄的建设。

（1）山塘村党总支部坚持务实、管用、有效原则，不断优化党组织机构设置，增强党组织干事创业凝聚力和战斗力。坚持从村情实际出发，坚持村民自治原则，制订简洁、务实、管用、易记的村规民约，深入开展文明创建主题活动，组织开展"文明村民小组""五星级文明户""最美村民"等评选活动，通过选树身边榜样、先进典型，大力弘扬正能量，引导群众向上向善。

（2）山塘村通过不断完善基础设施建设，筑牢生态宜居发展的基础。目前，全村通组通户公路硬化率达到 100%，占地面积达 1 600 平方米的综合服务大楼成为山塘村的一个标志性建筑。该村先后投入 800 余万元，完成了小康新村一期工程建设；投入 1 000 余万元，按照湘南民居"轿顶屋"

风格设计，改造村民住房 150 余栋，村容村貌由此焕然一新。与此同时，依山傍水造景点。在 6 个居民集中居住点兴修了微公园，以神农文化为主题，建设了大小雕像 20 余座，环绕龙塘湖兴建了 10 个特色休闲木屋和 12 栋小产权别墅楼，搭建了观鹭台、垂钓台，修建了现代农业科技楼，以光学、电子技术展示现代农业发展成果。游客进入山塘村后，就能够真切感受到山水田园与现代文明的有机交融。

（3）山塘村依托完善的交通区位优势，推进美丽乡村建设，走景村融合发展的乡村振兴发展之路，夯实基础、开发产业、美化环境、发展旅游等举措，变交通优势为经济优势，放大资源优势，着力将山塘村打造成安仁县城的旅游胜地、创业乐园、采摘天堂、娱乐首选。山塘村村支两委联合郴州市四季果业有限责任公司，推广发展优质水果种植，种植面积 80 余公顷，为游客提供观赏、采摘一条龙服务。与此同时，还建设了种有名贵花草树木的生态观光园。目前，山塘村生态旅游区面积已达 300 公顷，投资规模超过 5 亿元。旅游区已经开发成融"四季水果"采摘园、四季观花园、极限滑草场、拓展培训园、白鹭观光园、石溪水库垂钓、五星级龙塘湖乡村旅游点等于一体的综合性度假旅游区，解决了 460 余人的就业问题，为农民收入增加开拓了良好条件（肖杰夫，2021）。

2. 桂东县易地扶贫搬迁社区建设案例

桂东县属典型山区，不少群众居住在海拔 1 000 米以上的高寒山区、地质灾害隐患区，交通不便、饮用水源或生产资源缺乏等问题严重制约了当地百姓脱贫致富。因此，桂东县科学规划、合理安置，搬迁、安居、帮业并举，仅用时两年就让全县 4 711 户 16 423 名贫困群众搬出了大山。面对庞大搬迁队伍的就业问题，该县多措并举，基础设施、乡风文明、就业、产业齐入手，着力做到"搬家"更要"帮业"。

其主要做法有：桂东县大力实施易地搬迁安置点设施全、环境优、精神美等工程，在安置点附近建设综合市场、服务中心、卫生室、学校、工厂等配套设施，提供物业、文化、就业、就学等服务。此外，当地政府主动加强搬迁群众的精神生活培育及良好的社区生活习惯养成，大力进行思想文化建设工程，在有一定规模的集中安置点配套建设村民活动室及体育健身器材，积极开展"传承好家风""道德讲堂"广场舞等丰富多彩的活动，实施志愿互帮、卫生管理、物业管理等服务，丰富群众精神生活，提高群众文明素养，做到无论群众搬到哪，跟踪服务都能够全覆盖。

同时，以推进搬迁户稳定就业帮助其实现稳定脱贫。如：在沙田镇周江安置点内，桂东县政府引进嘉业电子有限公司建设扶贫车间，帮助搬迁户在家门口实现就业。同时该县每年通过举行 2 至 3 场大型就业招聘会，推荐老百姓外出就业务工，增加收入。推进"居家就业"建设就业扶贫车间（基地），并通过小区公益岗位、贫困家庭劳动力专门招聘区、专用服务窗口等求职"绿色通道"，搭建起一座企业与贫困家庭劳动力的"就业桥梁"，确保有劳动能力的家庭至少有一人就业。

另外，就是发展特色产业，巩固脱贫成果。为帮助易地扶贫搬迁对象发展产业，该县制订了易地扶贫搬迁产业发展规划，实施产业帮扶计划，按照"一镇一业、一业一企、一村一品"发展思路，积极引进、培育和发展龙头企业，并采取"龙头企业+基地（合作社）+贫困户"等形式，在200 人以上安置点周边，因地制宜建设了规模化茶叶、生姜、甜玉米、中药材、黄桃、荷花鱼、蜜蜂养殖等特色种植业、养殖业基地，带动搬迁户就业，并鼓励其以土地、投资等方式入股当地产业项目，享受项目红利。

例如，在桥头乡红桥社区安置点附近建设了马坪茶园基地，50 亩茶树郁郁葱葱，"茶园归桥头乡政府集体所有，主要种植玲珑茶等当地群体品种茶树，搬迁户可以免费到茶园采摘茶叶，收益归农户所有"。桥头乡依托茶叶产业优势，将马坪茶园打造成易地扶贫搬迁产业就业帮扶基地，采摘季节可安排 150 多人就业，农户每年增收 3 300 元以上，从而帮助搬迁户实现稳定增收。

二、依托工业园区建设，为新型城镇和特色农业发展提供依托

坚持中国特色新型工业化道路，强化以工补农、以城带乡，推动形成工农互促、城乡互补、协调发展、共同繁荣的新型工农城乡关系，为新型城镇和特色农业发展奠定良好基础。

首先，要推进产业园区建设，培育壮大一批特色优势产业园区，实现错位发展。以市场为导向，调整优化产业区域布局，打造分工合理、协作融合的产业发展格局。发展集聚区作为促进产业发展的主推模式，引导资源要素合理集聚，提高集约发展水平，着力培育新的经济增长极。如：宜章县重点建设宜章经济开发区、宜章氟化学工业集中区；安仁县要依托现有省级工业集中区——安仁工业集中区，进一步落实好"一区四园、产业类聚"的发展格局，以"园中园"方式，在集中区内按产业分类建设好相

应的创新创业园区，将园区建设为机械装备、电子零部件及食品加工等基地。汝城县和桂东县则推进汝城经济开发区和桂东工业集中区建设。同时，建设好如安仁县灵官工业园区等一批县级工业园区。要把招商引资作为工作计划的着力点，强力推动项目落地，以项目建设为抓手推动产业大发展。充分利用灵官工业园等园区内现有国家级龙头企业、省级龙头企业，带动米业、药业、板业、养殖业等产业共同发展。发展好农产品加工、建材、冶炼等产业。

其次，统筹产业园区和城镇的规划建设，促进城市空间与产业空间高度契合，切实加强水、电、气、路、通信、环保等各项基础设施建设，推动城镇设施和园区设施共建共享，促进产城互动融合发展。其主要从以下几个方面推进：一是充分发挥城镇公共服务设施、市政基础设施优势，以园区为载体，不断提升制造业发展水平；二是推进城区园区景区同步发展，促进工业、服务业、旅游休闲业协调发展；三是推进园区产业多元化，加快园区公共设施、旅游休闲设施以及房地产配套建设，提升园区产业复合度，增强产业与经济韧性；四是深化园区体制机制改革，优化拓展发展空间。探索园区建设、管理和服务市场化，鼓励与发达地区、国家级开发区、战略投资者共建园区。

最后，尽力破解产业开发区体制机制不畅和人才短缺等方面的制约，畅通与上级部门的沟通管道，努力打破项目用地瓶颈；还要加强银企对接，帮助企业解决融资难、融资贵等问题，全面激发产业开发区的发展活力。

三、发展特色农业区，为城乡大互动提供突破口和切入点

发展特色农业区要以各地资源禀赋和独特的历史文化为基础，有序开发优势特色资源，创建特色鲜明、优势集聚、市场竞争力强的特色农产品优势区，支持特色农产品优势区建设标准化生产基地、加工基地、仓储物流基地；完善科技支撑体系、品牌与市场营销体系、质量控制体系，建立利益联结紧密的建设运行机制，形成特色农业产业集群。实施产业兴村强县行动，培育农业产业强镇，打造一乡一业、一村一品的发展格局，为农业适度规模化经营构建农户、企业、基地、专业合作社等在内的利益综合体，为农户增收奠定坚实基础。

1. 创建农业现代化示范区

围绕安仁、宜章等粮食主产区打造现代粮食作物科技示范园区和高产高效示范基地，扛牢粮食安全责任；进一步提升汝城辣椒中国特色农产品优势区、安仁中药材省级现代农业特色产业聚集区发展质量，加快推进桂东中药材项目建设，帮助汝城成功创建蔬菜产业优势区（集聚区、示范片）。

2. 创建现代农业产业园

围绕"一县一特""一特两辅"农业特色主导产业发展战略，推进要素有效聚集，培育和扶持产业融合发展、产品特色明显、品牌效应突出、市场竞争力强、经济效益好的农业现代化示范区、现代农业产业园和现代农业特色产业园。重点建设汝城县"湘江源"蔬菜产业园、宜章县湘南柑橘产业园以及桂东县和安仁县的湘九味中药材产业园。到 2025 年，各县市区至少创建 1 个标志性现代特色农业产业园。

3. 培育优势特色产业集群

聚焦蔬菜、柑橘、茶叶、生猪、烤烟、中药材等优势特色主导产业，对标中省优势特色产业集群建设要求和内容，全面优化产业集群结构，完善集群产业发展链条，在优质农产品供应基地建设、农产品加工能力提升、农产品物流仓储和销售等环节发挥优势，补齐短板。发展以南岭山脉、罗霄山脉优质茶叶带和汝城白毛茶特色区为主的茶叶产业集群；大力实施优质湘猪工程。建设以桂东、安仁等县区为重点的中药材产业集群。重点巩固提升蔬菜、柑橘、茶叶产业链，延长补齐中药材产业链。

4. 案例：宜章县现代农业科技示范园区"十四五"规划目标

（1）建立现代粮食作物科技示范园区。构建一园两区（玉溪园和赤石区、一六区）。在玉溪园新田、法堂、罗家山、寿福、曹家建立 1 000 ~ 5 000 亩粮食新品种、新技术、新产品展示园区；在东部地区的赤石乡、南部地区的一六镇设立两区，作为新品种、新技术、新产品展示辅助园区。

（2）建立高产高效示范基地。到 2025 年，在玉溪镇、梅田镇、黄沙镇、一六镇、栗源镇、岩泉镇、赤石乡、瑶岗仙镇等有代表性的重点乡镇建立 20 万亩优质稻生产基地。按照集中连片、一片一品的原则，实行单种、单收、单储。集中资金，加大投入，抓好生产基地的沟、渠、路等基础设施建设，保护好基地周边的生态环境，并通过增施有机肥、发展绿肥及合理的水旱轮作等措施，不断改善稻田土壤结构，提高生产基地的产出水平。到 2025 年，在关溪乡、瑶岗仙镇、栗源镇、岩泉镇、一六镇、笆篱镇、天塘镇、黄沙镇等乡镇，建立 13 万亩饲料玉米产业示范基地；在五岭镇、玉溪镇、瑶岗仙镇、莽山瑶族乡、一六镇、天塘镇、关溪乡等地建立 3 万亩马铃薯产业示范基地。

第二节 以三业并进强化城镇产业支撑

推进罗霄山片区县域城镇化建设，需要强化产业支撑。要遵循四化同步、特色促进、产业融合的发展策略，以现代农业、新型工业、现代服务业并进，促进镇村产业兴旺、城乡居民收入持续增加，为农村人口向镇村聚集转移创造发展条件。为此，需要根据各县资源禀赋、资本、技术、劳动力等要素结构的不同，发挥各自的比较优势，打造县域发展主导产业，实现现代农业、新型工业和现代服务业的全新布局；同时，要利用各县区位优势，积极承接发达地区产业转移，实现县域优势互补，力促县域产业结构转型升级，切实转变县域经济发展方式，为县域协调可持续发展注入强大内生动力。

一、夯实农业基础地位

农业作为国民经济的首要基础产业，对国民经济发展具有产品贡献、要素贡献、市场贡献和外汇贡献。农业的发展进步能够为县域工业化、城镇化的推进提供根本保障。罗霄山郴州片区四县作为全面脱贫地区，在当前国家大力推进新型城镇化的大背景下，要充分利用城镇化发展带来的机遇大力推进传统农业向现代农业转变，推动农业发展的工业化改造，实现农业高质量发展。要着力突出乡土特色和本地特色，以融合促发展，着力构建农业与第二、第三产业交叉融合发展的现代产业体系，发展现代种养、农产品加工、乡村旅游等特色休闲农业，为乡村振兴注入鲜活动力（黄琼芬，2021）。

（1）引导和促进农业供给侧结构性改革

落实国家重要农产品保障战略，以保障国家粮食安全为底线，推动和引导农村按照城镇的消费者偏好调整种植养殖结构。稳定安仁、宜章种粮大县的粮食种植面积，抓好以种粮大户为主体，带动散户，稳定粮食生产面积。鼓励优质粮油企业与种粮大户联合形成粮食生产新型主体，组建专业化服务组织，推进粮食生产向机械化、标准化发展，确保粮食产量稳定。优化种植模式，提高单产效益。调优粮食耕作模式，合理搭配早晚稻品种。发展生态种养模式，将高档优质稻开发与"稻油""烟稻""稻菜""稻虾"等综合种养相结合。在安全利用区大力推广镉低吸收水稻品种，有效提高稻米品质。加强"优质粮油工程"建设，培育"安仁生平米业"等"优质粮油工程"示范企业。如：宜章县，高档优质稻基地、双季稻稻肥（菜）高产区、玉米高产区；汝城县，高档优质稻基地、双季稻稻肥（菜）高产区、稻-菜高效农业示范区、单季稻稻油生产区、玉米高产区、特色旱粮出口区；桂东县，单季稻稻油生产区；安仁县，高档优质稻基地、稻油高产示范带、优质双低油菜生产基地。

（2）推动特色产业升级进步

利用城镇化的带动示范促进农业产业现代化，传统农业向规模化、品牌化和集群化的特色现代农业迈进。四县要积极融入郴州市持续打造"四大百亿"产业中谋划特色农业发展，对接城镇消费者偏好和需求，推动特色产业升级进步。在蔬菜产业发展方面，汝城县要积极融入郴州市构建"湘江源蔬菜"产业区域布局，对接粤港澳大湾区蔬菜供应。建设好汝城县朝天椒、小黄姜生产基地，安仁食用菌生产基地，桂东高山蔬菜生产基地。柑橘产业发展方面，"宜章脐橙""安仁蜜柚""汝城红心柚"积极融入郴州市构建"湘南柑橘"产业区域布局，对接粤港澳大湾区水果供应。茶叶产业方面，"桂东玲珑王""宜章莽山红茶""汝城白毛茶"积极融入构建"郴州福茶"产业区域布局。在生猪产业发展方面，推动宜章、安仁两县作为优势发展区，加快产业转型升级，提高规模化、标准化、产业化、信息化水平；桂东作为稳定发展区，加快屠宰布点、稳定猪肉供应、突出提质增效、推动合作发展；汝城作为潜力增长区，承接产业转移、培育优势产能、拓宽销售渠道、带动农民增收。利用宜章、汝城、桂东等五岭—罗霄山脉地区高山梯田和生态环境优势，推进高山禾花鱼等稻田养鱼综合产业带延伸；优先在安仁发展现代设施渔业，推行绿色水产健康养殖。以安仁、桂东、桂阳、汝城等地为主，重点发展杜仲、玉竹、枳壳、夏枯草、玄胡、苦参、厚朴、川芎、天麻、金银花等药材。积极建设完善中药材种植基地，推行中药材种植 GAP 认证，不断提高中药材质量。积极培育桂东、安仁中药材品牌，做精桂东盛源药业、桂东珍源药业、金朵高山菊等具有较高知名度、美誉度和较强市场竞争力的中药材知名品牌。

（3）引导农村以服务业为主的非农产业发展壮大

利用城镇居民所产生的服务需求激发农村文旅三产不断壮大。如，安仁县立足于打好"生态旅游牌"，依托农业生态资源的油茶、油菜等农产品基地及农业产业带，引导发展休闲观光农业。突出"天下第一福地，神农故郡安仁"旅游品牌，打造好以稻田公园、神农殿、熊峰山国家森林公园等景区为核心的环县城旅游圈，推动旅游与农业融合发展。利用全县已打造的"看得见山、望得见水，记得住乡愁"的田园景区的20多个景点，带动乡村旅游业快速发展。挖掘安仁药王节、神农尝百草等地域文化内涵，推动中医药文化旅游产业融合发展。形成以采摘为主的体验式农事体验的旅游新风尚，重点建设好一批具有安仁特色的农家乐。凭借稻田公园、大石风景区、丹霞地貌风景区、龙脊山风景区、香炉寨风景区的拓展，加大农家乐扩充提优。让农户通过搞农家土菜获得较为稳定的收入，将农家乐做成农户增收的一张亮丽名片。推动安仁农业转型升级和城镇生态及人文魅力的提升，形成统筹城乡的重要突破口和切入点。

（4）推进农村第一、第二、第三产业融合发展工程

通过产业强镇建设，推动第一、第二、第三产业融合发展。如国家级产业强镇建设：积极推进安仁灵官优质稻、汝城泉水辣椒、宜章长村乡脐橙等国家级产业强镇建设；进一步提升汝城县泉水镇（蔬菜）国家级产业强镇建设。省级产业强镇建设：进一步提升安仁灵官中药材小镇、宜章县莽山瑶族自治乡茶叶小镇等省级农业产业强镇发展质量。特色产业小镇：积极争取桂东县清泉镇茶叶小镇建设。

在产业强镇建设过程中，要发展培育壮大农业产业化龙头企业、农民专业合作社、农机合作社、家庭农场和社会化服务组织等现代农业主体。要加大村集体经济发展力度，积极引进外资和先进技术，依托农业产业化龙头企业、农民专业合作社等组织兴办村级和私营企业。引导农业产业化龙头企业向优势农副产品区集聚，发展多样化、多层次的农产品精深加工。辐射带动三产融合，促进乡村非农产业发展壮大，吸纳农村人口就业。这主要表现在两个方面：第一，贫困山区自然地理风貌复杂多变，可利用农林牧渔复合生产方式实现绿色、有机生产，打造区域特色品牌，实现横向融合；第二，延伸产业价值链，促进农业和工业向第三产业渗透，

并可将地区文化特色、风俗习惯融入产业发展，发展综合旅游业。

二、加快新型工业化步伐

县域工业化加快推进所带来的就业拉动效应、经济增长效应为人口的集聚和县域城镇化的财力保障提供了重要支撑。欠发达地区在县域城镇化进程中，生态环境较为脆弱，工业化程度较低，要坚持工业总量增长与转型升级并重。对于产业基础较好的工贸重镇，要注重发挥工业的主导带动作用，引导人口向产业园集聚。罗霄山郴州片区要依托各县生态优势、资源优势，坚持特色产业发展与承接产业转移相结合的县域新型工业化道路。应立足本土特色资源和优势，选准产业主攻方向，大力发展优势主导产业、龙头企业、市场主体，大力发展先进制造业，同时加快传统产业转型升级，大力推进传统产业与高新技术产业融合，推动县域工业企业技术改造，鼓励企业引进先进技术装备，加强消化吸收再创新，形成自主知识产权和拥有核心关键技术，实施工业生产数字化和自动化，提高生产效率。

第一，四县应紧紧围绕郴州市"一极六区"战略定位，以郴州构建"一核两廊三点"工业空间布局为指导方针，引导生产要素合理流动与优化配置，促进形成良性互动、优势互补、结构合理、产业升级的工业发展新格局。各县要以省级经济开发区和特色产业园为重点，利用县域优势特色和产业基础，集聚城乡优质要素资源，优化产业布局，建设一批高端化、优质化的城乡产业协同发展园区。具体来说有：宜章县以"郴永宜临南北走廊"为依托，以紧邻京港澳高速公路、107国道、京广铁路和郴永大道的区域优势，以宜章经开区为重要载体，将宜章经济开发区打造成经济发展增长极，建设产业承接园、氟化学工业集中区等产业集聚区。汝城县、桂东县、安仁县以汝城经开区、桂东工业集中区、安仁工业集中区为重要载体，依托桂武高速、京港澳高速、厦蓉高速、桂宁高速公路、茶安末常、武广客运专线和京广铁路等交通干线，辐射周边区域，形成良性互动、优势互补、结构合理、产业升级的工业发展新格局，重点发展电子信息、建筑建材、食品医药等产业。四县县域各镇村应根据资源优势和传统产业基础发挥各自优势，构建镇村特色产业布局。

第二，推动产业集群和龙头企业壮大。工业产业集群是推动县域新型工业化发展的重要平台和基础，是推动县域产业转型升级的重要途径。各县应根据自身特色，布局一批富有县域自身特色的产业集群。如宜章县"十四五"发展规划提出，以光电产业、包装印刷、机械设备制造等为重点，全面"提质创新"，形成结构优化、集群发展、特色鲜明的产业体系，着力培育先导产业集群。到2025年，光电产业产值达到50亿元，包装印刷业、生物医药业、机械设备制造业产值均达到20亿元。加大县域龙头企业的扶持力度，带动县域产业集群化发展、新型工业园区的发展壮大，依托县域工业园区，培育和发展县域特色产业集群，提高工业企业的综合竞争力，为新型城镇化发展注入强劲的产业增长支撑力。

第三，以建设湘南湘西承接产业转移示范区为抓手，用足承接产业转移开放型经济平台对经济增长的促进作用。充分利用好各县比较优势，加快产业项目承接，注重针对性地引进项目，承接产业企业，吸引发达地区产业链和龙头企业落户县域，补齐产业链短板，形成不同企业间的优势互补和资源共享，持续建构承接产业转移与新型城镇化协同推进的现代化体系；鼓励支持引进战略投资者，积极承接促进精深加工、延长产业链条的项目、技术，向产业链高端方向发展；积极引导外来资金向县域先导产业进驻，加快核心关键技术产业化，形成产业规模，加快产业兴县步伐。在承接产业转移与新型城镇化推进过程中，应注意做好承接产业转移与新型城镇化建设的管理规划，结合各县实际，丰富产业发展与新型城镇村的功能布局。

三、优化提升现代服务业

服务业是县域城镇化发展的可持续动力，服务业在产业集聚、吸纳就业以及加快人口向城镇集聚等方面具有重要的促进作用。优化提升服务业应努力促进生产性服务业与实体经济深度融合，积极适应制造业转型升级的要求，推动生产性服务业专业化、市场化发展，引导县域生产性服务业在园区集聚。同时，适应城镇化发展要求和居民消费多元化的需求，大力发展现代服务业，提升县域生活性服务业精细化水平，推动县域中央商务区的建设布局，构建以技术服务、商贸服务和生活居住区三功能区为支撑的新型城镇化综合服务区。优化布局政府职能机构、金融机构、写字楼、物流中心、交易中心等与园区配套的生产性和专业性服务业，以及综合性购物中心、商业楼盘、外来务工人员公寓、学校、医院等生活性服务业。各县应依据自身资源优势和区位条件，开拓商贸、交通运输以及旅游业等业态的发展空间。

积极推进养老康护、旅游休闲、电子信息、现代物流等新兴服务业，着力培育适合现代服务业对外开放的市场环境。增强现代服务业对开放型经济的支撑作用，推动四县现代服务业向精细化、专业化、品质化和高端化延伸转变，为县域城镇化发展提供持续推动力。

罗霄山郴州片区四县有着独特的生态资源、红色文化资源和底蕴深厚的历史文化，这些都为其丰富旅游业发展形态提供了难得的基础条件。当前，在推动全域旅游发展的大背景下，四县的旅游业要进一步放在省、市及区域联动的大格局中予以谋划，通过充分整合县域内的自然生态、景观风貌、红色文化、中华传统历史文化，并与郴州市域范围各县优势资源进行嫁接和联动，开拓出链条更加丰富的县域旅游产品体系，形成县域、市域多层级的精品旅游线路，增强旅游目的地吸引力，为开拓区域内和区域外客源市场、创造出有影响力的国内旅游品牌奠定良好基础。

通过推进城乡融合发展，充分发挥城镇的辐射与带动作用，促进乡村农业现代化，并加快城镇近郊生态休闲农庄建设，促进休闲产业、民宿经济和庄园经济发展；同时，适应人口老龄化趋势，充分利用镇村生活资源优势，积极发展健康养生养老产业。要遵循农旅融合发展的理念，支持拥有资源和生态优势的镇村发展乡村旅游，大力发展休闲农业，拓展农业的多功能性，增强农业的观赏性、体验性和教育功能，打造一批可游、可赏、可品、可乐的现代农业产业园、农业观光采摘园、休闲农场等农旅融合产业项目。形成一批口碑传送优质的乡村旅游示范镇村、民宿和农家乐，以满足城乡居民对美好生活的增长的需求。要促进县域旅游业与文化产业深度融合，充分挖掘县域内的红色文化、非遗文化以及温泉资源、特色民俗等优势资源，规划一批"红色+绿色+古色+暖色"精品文旅线路，打造一批富有湘南地域特色的红色文艺精品和文创产品，发挥旅游发展对县域城镇化发展的拉动作用。

案例：宜章县"十四五"发展规划中提出建设特色文旅小镇

1. 天塘茶旅小镇。以"旅游+茶文化+休闲体验"为发展方向，依托和宜红茶、莽山仙峰、宜章沪宜等茶叶龙头企业，建设10万亩高标准现代茶园，做大做强湘南优质红茶带，打造集茶园观光、茶市交易、茶园休闲、茶园体验等于一体的茶旅特色小镇。

2. 莽山瑶族风情小镇。以"旅游+瑶文化+美食体验"为发展方向，深度挖掘莽山瑶族乡瑶文化的内涵，开发百年古瑶族文化、森林户外运动营地、古瑶寨民宿、瑶族美食文化等项目，做亮瑶族特色文化体验，打造集瑶文化体验、特色村寨民宿、户外娱乐运动、地方特色美食于一体的民俗风情小镇。

3. 一六温泉度假小镇。以"旅游+温泉养生+休闲度假"为发展方向，依托一六镇充裕的温泉资源，充分发掘温泉的疗养功效，融入休闲、度假、娱乐等体验性项目，培养多元化业态，打造宜养宜游宜乐的温泉度假产业集群。重点建设汤湖里温泉群休闲旅游区、一六温泉度假村、一六温泉水世界等项目。

4. 白石渡红色小镇。以"旅游+红色文化+乡村旅游"为发展方向，依托中央红军长征突破第三道封锁线指挥部旧址、粤汉铁路遗址、湘南古民居等旅游资源，深度挖掘红色文化、古色文化的历史价值，完善基础配套设施，设置互动体验项目，打造集红色文化体验、古色遗迹探寻、绿色景观观赏、研学旅游教育等于一体的大湘南红色文化休闲旅游小镇。重点建设中央红军长征突破第三道封锁线指挥部旧址群、八角寨景区等项目。

5. 梅田工矿特色小镇。以"旅游+工矿文化+文创产业"为发展方向，依托梅田矿务局旧址和工矿遗迹，保护和传承矿务文化，引入文化创意产业，发展矿山、工业主题的情景文娱游乐体验，打造集矿业情景游、文娱创意、商贸娱乐于一体的矿山主题特色小镇。

6. 花溪里康养旅居小镇。以"旅游+康养产业+旅居度假"为发展方向，将健康养生文化与旅游深度融合，依托莽山国家森林公园4A景区丰富的旅游、生态农产品、中药材、温泉等优质资源，打造集中医药传承、养生养老、康疗康护于一体的国家级康养度假示范基地，建设莽山花溪里森林康养酒店、田园度假区、茶文化推广区、田园旅居区、茶园民宿区等项目。

7. 关溪民宿小镇。以莽山五指峰秀美风光为依托，以仙峰茶场、百年枫树林、东源红色纪念馆、雄关渠纪念馆、东之仙民宿等为基础，全力开发莽山东门到东源村的雄关渠旅游小火车项目及姚家高端民宿、枫树下二期民宿及村民民宿，形成600人以上的民宿接待能力。打造集原生态旅居及居家养老、茶文化示范、红色文化基地于一体的特色小镇。

第三节 以制度创新打造县域城镇化保障机制

罗霄山郴州片区四县新型城镇化推进过程中应围绕"以人为核心"这一主题，立足于能够让农村转移进城人口进得来、可就业、能住下，深度融入城镇化的发展进步，分享县域经济发展的成果和红利。要实现这一目标，应从乡村和城镇，农民和市民这两个视角推动户籍、土地、服务保障、投融资等制度创新，为新型工农城乡关系构建，县域城镇化发展提供制度支持保障。

一、完善人口管理制度

（一）要调整完善户口迁移政策

顺应城乡融合发展的要求，逐步破除城乡隐形户口，简化落户办理流程、降低农民进入城镇门槛。对于农村收入稳定、经济条件较好的农民和一些从事小型个体经营的人群，应通过政策制定和引导，可以让其在县城以外合适小镇或中心村，通过购买宅基地建房、或购买由镇域和中心村统一规划建设的商品房，安家落户。这些选择进入小镇和中心村安家落户的农户可不受地域限制。同时，落实合法租赁房屋常住人口在社区公共户落户的政策。

（二）创新户口迁移政策

对于县域内被征地农民和参与住房条件改善的农户，允许其将户口迁入集中居住区，或迁入城镇亲属户口所在地落户安家。对于县域建档立卡农村低收入人口，可以探索将其转移安置在城镇落户、实现集中安置并通过其他配套服务保障让其在城镇落地生根。对于易地搬迁脱贫人群，需进一步夯实其集中居住区条件基础，驱动集中安置区向镇村中心发源地逐步迈进。对于进城务工人员达到规定年限且有良好个人信用、守法记录的，可以根据其意愿登记为城镇户口。

（三）丰富居住证的基本公共服务承载功能

明确户籍制度改革的方向是统一城乡居民户口，最终使城乡居民拥有完全一样的基本权利。因此，要进一步推出实际可操作举措，剥离城镇户口背后附着的各种"身份"利益，根本消除城乡居民在待遇等方面的差别。当前，要不断推进居住证制度覆盖全部未落户城镇常住人口，强化基本公共服务与居住证挂钩，进一步丰富居住证的基本公共服务承载功能。

（四）促进县域异地转移人口和农民工入乡创业就业

创新返乡就业创业人员在县域城镇安家落户并享受相关权益的制度安排。探索以投资入股、合作经营等多种方式，积极引导县域在外致富能手和有一技之长人员返乡就业创业，并在县域小城镇或新型农村社区购房置业，由此挖掘新型城镇村集聚发展的又一动力。同时，通过项目建设、园区发展、服务优化等措施提升县域城镇及中心村的就业承载能力，并加大对农民工入乡就业的政策引导和支持力度，鼓励一些在沿海发达地区就业、掌握熟练操作技术的在外务工人员回流在县域内园区、企业实现就业，结合这些人群在外发展多年积累的经济基础以及返乡后就业的稳定预期，增强其在县域内城镇置业落户的信心。

二、创新土地管理制度

（一）坚持以诱致性为主的农村土地制度创新方式

在乡村振兴与县域城镇化推进的这具"大棋盘"上，每个"棋子"都有其自己的行为原则。人类社会发展史上，但凡对经济社会发展起着重大作用的种种制度，仍是经由自主自发形成者居多。发展为了人民，发展依靠人民，这是当代中国共产党人坚持以人民为中心的执政理念的生动体现。真正有效的制度创新来自基层群众，来自广大人民。农村土地制度的变革创新同样离不开农民和基层干部。因此，政府在促进制度创新过程中，一是要以渐进式的诱导性制度演变为主；二是在实施制度变迁的过程中，要充分考虑广大农户对制度的认同感，充分尊重农村居民的意愿和想法，以调动其参与乡村振兴与新型城镇化建设的积极性、主动性和创造性。罗霄山郴州片区四县在推进土地制度创新中，要将广大农民的权益置于首要位置。要做好宣传和引导工作，使农民了解到土地流转的利弊，让农民发自内心地愿意进行土地流转。要坚持土地流转的渐进性，杜绝强制流转、无偿流转土地现象的发生。同时，要确保土地流转后土地用途的一致性，不能借流转之名搞改变土地用途之实，致使土地适度规模经营目标没有实际落实到位，还破坏了农业综合生产能力。

（二）完善农村土地产权，强化农户土地承包权

在坚持农村土地集体所有的基础上完善农村承包地、宅基地、集体经

营性建设用地的确权明晰机制。要不断完善现有的农地集体所有制，加强法律执行和监督，完善所有者权益，极力消除侵蚀集体所有权的不当行为，使得农地所有权制度得到保证。要推进对农村承包地、宅基地、集体经营性建设用地登记在册的统一的土地产权数据库和信息管理平台建设，对农地产权归属情况实行数字化、标准化管理。明确农村集体土地产权，明晰集体的层级、界定集体成员资格，使集体经济组织成员能够摸清和掌握自己所在集体的全部家底。同时在坚持土地所有权为村集体所有的基础上，对农民个人承包土地的承包权、承包山地的承包权和农民的宅基地权利要予以保护和尊重。农户承包权是凭借集体组织成员身份获得的一种特殊权利，它可以确保经营权的延续，同时也是一种保障权。当土地发生流转时，土地所有权、承包权和经营权三权分置，这时，更应该强化承包权作为一种独立权能的存在，使得农户确立相对独立的土地财产权，避免受到其他权利的侵蚀。另外，要坚决贯彻落实中央赋予农民土地承包权长期不变的方针政策，切实保护好农民在基于土地承包经营权基础上的经营、使用、流转、担保抵押、对产品的支配等相应权利。要完善土地承包经营权置换社会保障，引导农民向城镇集聚。

（三）不断提升农村土地管理的法制化水平

一要落实最严格的耕地保护制度，确保耕地保有量不突破。加强承包耕地用途管制，坚持农业用途，坚决制止耕地"非农化"、防止"非粮化"，确保四县水稻生产功能区等粮油主要作物用土地保有量底线不突破。明确耕地利用优先，永久基本农田重点用于粮食特别是口粮生产，一般耕地主要用于粮油、蔬菜等农产品生产。严格落实粮食安全党政同责要求，加强耕地保护督察和执法监督，严格耕地占补平衡管理，坚持"占一补一、占优补优、占水田补水田"。二要积极探索农村土地征收制度改革和农村集体经营性建设用地入市制度。逐步建立城乡统一的土地市场，构建土地征收公共利益用地认定机制，缩小土地征收范围。全面实施郴州市农村村民住房建设管理条例，加快完成房地一体的宅基地使用权确权登记颁证。探索宅基地所有权、资格权、使用权"三权分置"，落实宅基地集体所有权，保障宅基地农户资格权和农民房屋财产权，探索适度放活宅基地和农民房屋使用权途径。要进一步完善农村集体土地市场体系的法制基础，在集体经营性用地市场交易、入市范围和途径、收益分配办法以及建设用地使用模式等方面着力创新制度供给，以满足产业园区、特色小镇、田园综合体等镇村要素集聚点发展的合理用地需求。

（四）做好土地整治工作，盘活土地存量资源

继续抓好撂荒专项整治，禁止闲置、荒芜永久基本农田，完善耕地抛荒约束机制。要善用城镇优质资本下乡，在不侵占农村集体和农民权益的前提下，盘活宅基地资源价值。鼓励农村集体经济组织及其成员盘活利用闲置宅基地和闲置房屋，有效利用乡村零星分散存量建设用地。重点在农产品优势镇村地和相对落后乡村发力，通过土地整治和规划，建设高标准农田，为现代农业产业园、粮食主产区农业生产经营提质增效创造积极条件。在满足规划和用途设限的前提下，积极引导村集体组织成员利用盘活的存量宅基地资源发展多种形式的生产经营活动；在集体经济组织统一规划下，以自主经营、合作经营、委托经营等方式开展农产品加工和服务业经营，壮大集体经济力量，带动农民可持续增收。

（五）创新农村土地流转和有偿退出方式

1. 要着力推进土地适度规模经营，提高农户组织化程度

农业现代化和新型城镇化协同推进是乡村振兴背景下县域城镇化建设的内在要求。二者统一于城乡产品对接、市场对接、要素对接的共生共荣体中。土地适度规模经营则是农业现代化推进的一个重要抓手。土地适度规模经营，能够降低农业生产成本，有利于农业技术的采纳和农业基础设施的投入建设，满足城镇居民对高品质农产品的需求，提高农户的商品生产率，并增强农民驾驭市场的能力，从而达到收入增加的目的。近年来，我国在稳定农户经营基础上推进规模经营做了很多尝试和探索，很多地方已经形成了较成熟、可推广、能复制的模式，比如家庭农场、土地股份合作制、集体农场、租赁制与拍卖制。这些形式都有其产生的特定条件，只要条件具备，都可以因地制宜地选择。

要通过政府的引导，在罗霄山郴州片区近年来新型农业经营主体取得较好发展的基础上，进一步推进以农民为主体、以专业合作社为主要形式的新型农村合作经济组织。建立以农民为主体的"民办、民管、民受益"的合作化经营组织，是提高农民组织化程度、增强农民市场竞争力和保护弱小农户切身利益的重要组织形式，是我国农业现代化的必然选择。

当前，应在四县优势农产品生产区，通过布局规划，引导发展家庭农场和股份合作制等土地经营模式。家庭农场的建立要在坚持土地集体所有的前提下，稳定土地的承包权，搞活土地的经营使用权，依照依法、自

愿、有偿的原则，通过市场机制的调节，使农户的土地经营权流转到种粮大户或农业投资者手中。这样既吸纳了农业家庭经营的最优特性，又符合市场经济的运行原则，从而比较容易实现规模经营的目标。土地股份合作制的股权实现形式有两种：一是一部分农户将承包的土地以入股的形式交给愿意并有能力经营的大户经营，土地入股者根据签订的契约每年获取一定的按股分红收入；二是农户在自愿互利的基础上，以承包的土地入股为基础，发展土地股份合作制，实行土地股份合作制既维护了农户承包权，保持了农户经营的产权激励，又坚持了自愿互利的原则。

在城镇化推进过程中，既要确保农村土地承包经营权在法制框架内，一切与农地利益相关方意愿一致的流转方式都可以大胆地采用。要大力鼓励土地股份合作社、土地互换、村（组）代理、各类经营主体共同参与等方式推进土地集中规模经营，放大农业比较利益。在土地流转中要尊重农户的意愿，保证农户的基本权益。要正确处理好各相关方在农地增值收益中的分配关系。建立合理的产业发展利益联结机制，完善各类经济组织带动农户增收的合作机制。要依法解决农民、土地经营主体的利益冲突。

2. 创新农村土地产权有偿退出方式

农村土地承包权、宅基地资格权和集体收益分配权，是一个有机联系的权能统一体，为广大农民居住、生存生活的基本保障提供重要依托。近年来，越来越多的农村居民离开生于斯、长于斯的乡村，到城市、到园区，到第一、第二、第三产业集聚地寻求改变生计发展模式的机会。这些农民中的一部分通过对机会的灵敏捕捉以及自身努力，实现了生计模式的成功转型。但无论是已经在城市购房置业，还是平常在外务工赚取收入节假日或农忙回家居住生活的农村居民，他们身上都或多或少有着挥之不去的乡愁乡意，这也是当前县域乡村绝大多数的农民仍然选择不愿意从根本上切断自己回归家乡的道路的基本原因。他们随时做好了准备，或许有一天自己在外打工收入能力下降时、自己年老时，家乡可能是自己最后的一道生计防护网或理想选择。因此，在未来较长时期内，农民在乡村和城镇之间"两栖"的情况将会较广泛地存在。对此我们要允许其客观存在，尊重农民的意愿和选择，要避免那种农村剩余劳动力乡城的转移就是非乡即城的思维。随着乡村振兴和县域城镇化的协同发展、生态文明和美丽中国建设，未来对城市和乡村分界线的划分也不再严格，或许城市和乡村的那种你中有我、我中有你的形态会很好地展示在我们的眼前，这也是美丽中国建设的期望所在。

现阶段，首先，应从那部分已经在外有稳定非农就业的农村转移人口着手，做好退出土地承包经营权利的政策引导和支持工作。允许有稳定非农就业的农户退出全部或部分，仅退出本轮或永久退出在本集体经济组织内的家庭土地承包经营权利。其次，探索建立农户承包权市场化退出补偿联动机制，土地承包经营权退出不改变农户宅基地资格权和集体收益分配权。规范实施集体资产股权转让、赠与、继承等行为，保障退出农民权益。保障进城落户农民的合法权益，使其能平等享受城市医疗、养老、失业保险等公共服务。对成员自愿退出的集体股权，可分别采取纳入集体股或量化到本组织成员等方式使用。另外，还可以在一些县域内区位好、产业发展好的城镇探索建立城乡土地置换的交易机制，在政府进行土地开发时，按一定规则将农民宅基地与城镇住房进行置换，或以土地承包经营权置换社会保障等方式引导农民向城镇集聚。

三、优化城乡服务保障

随着农村居民进城务工务业引致的城乡人口流动，偏僻乡村的空心化越来越多，由此形成的村庄合并以及产生的农村人居环境的改善要求，使得农村教育设施和教育资源逐步集聚与重新布点，有些家庭为了下一代教育迁移到城镇附近，从而在原有的城乡二元结构基础上嵌入了新的一元，产生了原住民与外来移民之间的新二元差别，形成了当前城乡关系中的特有的复合型二元结构（梁律武，2014）。

乡村振兴下的县域城镇化建设意味着我国城乡关系、工农关系的建构进入了全新的融合发展期。为此，需要在破除城乡二元结构的体制性障碍、形成工业反哺农业、城镇带动乡村的长效机制等方面进一步加大创新力度，在推进城镇、村建设过程中配套跟进基本公共服务，完善制度安排。要善用城镇的教育、科研、学术、医疗、艺术等智力要素为推动城乡教育、公共设施、公共文化、社会保障、就业体系、引智聚才等方面实现联动一体、均衡配置提供重要支撑。

（一）推进城乡基本公共服务均等化

1. 完善县域公共教育体系

一是，推动城市优质教育资源向县域城镇村延伸。通过在郴州市域以及各县域层面组建城乡教育共同体、建立城乡优秀教师调剂交流机制、加强对农村教师的现代教育理念培训、健全财政对义务教育的保障机制等方式，推动公共教育资源均衡配置，促进公共教育协调发展。同时，加强教育信息化建设步伐，以"互联网+义务教育"等方式，推动城乡教学优质资源共享共进，从而推动城乡教育质量共同提高。如：湘南学院与桂东县教育局及桂东各中小学联合开展基础教育教学研讨、课题研究等合作交流，建立教育教学研究基地、实习见习基地、教师培训基地等，这些对桂东县域教育质量提高、促进桂东县基础教育全面振兴将会起到很好的带动作用。二是，切实落实好非户籍人口随迁子女平等享有教育权利的政策。要通过创新体制机制，增加公办幼儿园或普惠性幼儿园以及义务教育的学位供给；完善招生入学政策，简化入学手续和流程，确保符合条件的适龄儿童能应入皆入，以免除进城务工就业人员的子女入学的后顾之忧，为其安心在转入地投资兴业、就业发展并最终融入城市的新市民大家庭提供重要支撑。

2. 完善县域公共卫生和基本医疗服务体系

一是，要加快城乡一体的社区卫生服务体系建设，健全和优化社区卫生服务运行机制，强化社区卫生服务的公益性质，使社区卫生服务覆盖全市居民。同时加大社区卫生服务人才队伍的建设力度，并通过实行医师区域注册、推进医师多机构备案、深入推进医联体和县域医共体建设等措施，推动城市优质医疗资源向县域下沉；深化基层医务人员更新补充机制，完善医共体模式下基层人才引育留用机制。通过对社区卫生服务中心的软硬件建设，提升其卫生服务功能，将社区卫生服务中心也纳入城镇职工医疗保险定点机构和城乡居民医疗保险定点机构。二是，对农村进城务工人员，要加强就业和劳动合同管理，督促用人单位落实好务工人员参加职工基本医疗保险工作。完善灵活就业人员参加职工基本医疗保险政策支持。将农业转移落户人口无差别地纳入国家基本公共卫生服务。

3. 推进县域公共文化体育服务体系建设

一是，要加大政府对公益性文化设施建设投入，构筑多层次的文化设施网络，为社区配置开展社区文化活动的场所。通过场馆建设，为组织开展具有地区特色、形式多样、内容丰富的社区文化活动提供支撑。主要在推进乡镇（街道）综合文化站和农村文化礼堂等基层综合文化服务中心建设方面进一步加大工作力度，继续推进以县级公共图书馆、文化馆为载体的县域分场馆的建设力度。二是，加大县级文化馆、图书馆开放力度，推动城市优质公共文化资源向乡村延伸。利用县域文化馆、图书馆、体育馆的集聚辐射作用，带动城乡兴办形式多样的文体活动，不断丰富城乡居民的精神文化生活。积极推广文化员"县聘乡用、乡聘村用"模式，推进现有体育场馆免费或低收费开放。加快公共服务文化标准化、数字化、智能化建设，创新普惠共享方式。三是，要充分利用罗霄山郴州片区四县的红色文化资源，传统历史文化、民宿文化资源，支持鼓励区域内各高校、艺术创作群体创作反映四县地域特色文化、思想性和艺术性完美统一的文艺作品，唱响文化特色品牌，丰富文化底蕴，提升文化知名度和影响力。如：湘南学院在汝城县沙州村"半条被子"红色文化资源挖掘、桂东县普乐红四军革命旧址群、沙田镇龙头村北上先遣队石围里遗址群等红色资源的开发中，已经或正在聚集强大的研究优势，为红色传承、县域文化振兴提供学术智力支持。

4. 推进县域就业服务体系建设

推进县域就业服务体系建设，需要强化政府的作用，加大就业再就业资金的投入，完善、健全覆盖城乡的职业培训政策和资金支持保障体系，加大劳动保障监察力度。还应鼓励社会力量的参与，引导并规范社会职业介绍机构参与就业服务，重点加强给城镇失业人员、县域农民转移就业提供免费职业技能培训的力度，建立低保与就业联动机制，激励有劳动能力的低保失业人员就业。此外，还应突出信息化的引领作用，建立与发达地区的就业信息网，加强劳动力市场信息系统建设，推进社区、村镇就业服务组织网络的建设。

在就业制度上，要全面提高农业转移人口的质量，就应从多渠道对其培训。应开展岗前职业教育，建立同产业结构相匹配的培训机制。为此，城市应承担起设立高等职业教育的重任，并根据县域城镇化进程中的产业结构开设相关专业课程。认清农业转移人口文化程度普遍不高的现实，组织一批懂农民的专家针对其特征安排培养计划。这样职业教育就可以帮助较为年轻的农民掌握必要的技能，能培养同新型城镇化的发展相匹配的产业工人。此外还要大力开展在岗技术教育。可以使用线上或线下的培训模式对低技术农民或掌握陈旧技能的工人展开培训，让已经就业的农业转移人口获得更好的发展机会。

同时，还要培育高素质农民。围绕"现代农民培育计划"，深入开展现代农民职业技能培训；围绕"农村实用人才带头人素质提升计划"，加快高素质农村实用技能人才培养；围绕人才一体化培养，推进农民培训与职业教育衔接。大规模开展高质量职业技能培训，不断完善企业新型学徒制培训制度，实现培训对象广覆盖、培训类型多样化、培训等级多层次、培训载体多元化、培训管理信息化，加大培训资金投入，提高培训质量，提升劳动者就业创业能力。

在县域范围内针对待就业居民和就业能力不足者广泛开展科学知识、职业技能、实用技能培训，提高广大乡镇居民的创业本领和致富能力。积极引导富余劳动力向沿海发达地区和县域内工业园区转移，通过劳务输出拓宽农民增收渠道。要强攻工业促农村劳动力转移。坚持以工哺农、以城带乡总体思路，加大对农村劳动力的教育培训力度，开展针对农民的专题讲座，积极组织专家学者对农民进行综合培训，如文明礼仪、法律知识、专业技能等专题讲座，提高农民整体素质；大力实施"农民知识化""公民职业化"培训工程，让农户特别是脱贫户家庭成员熟练掌握 1 至 2 门实用技术，

（二）推动公共设施向乡村延伸

统筹规划水气等市政公用设施，推动向城市郊区乡村和规模较大的中心镇延伸。推进城乡道路客运一体化发展，推进公路客运站改建迁建和功能提升。支持城郊承接城市专业市场和物流基地疏解，在县乡村合理布局冷链物流设施，配送投递设施和农贸市场网络，畅通农产品进城和工业品进乡通道。依托国家城乡融合发展试验区等开展县域内城乡融合发展试点示范。

支持电子商务产业园建设，强化电子商务孵化器功能，开展针对企业和个人的电子商务政策咨询、专业培训和产品推荐等服务项目。支持脐橙、茶叶、油茶等特色农产品电子商务平台建设，实现对农产品的全面介绍、宣传、交易等服务。推进县乡村三级物流体系建设，发展"仓配一体化"，冷链物流、新鲜物流、供应链物流、平台型物流等新型物流业态。具体如下：

（1）宜章县提出在"十四五"期间，建设京港澳高速公路宜章服务区现代物流园、湘南君悦物流、顺天物流、郴州展翔宜章脐橙产业和模具产品加工园，推进香山水果市场冷链物流、天翔贸易有限公司冷链物流、和田实业有限公司冷链物流、长青蓝莓及水果冷链加工物流中心、福兴鸭业冷冻食品加工厂、新晟屠宰有限公司冷链物流、宜章县农产品冷链仓储中

心等冷链物流项目。

（2）桂东县"十四五"期间商贸物流重点工程：整合供销e家、氧气天下山货集团、邮政等现有物流资源，加强106国道、S322等干线公路沿线货运场（站）、大型货运中心和物流信息平台建设，重点加快完成沙田等物流园区建设，着力培养沤江、沙田等市场集群。加快实施农产品仓储保鲜冷链物流设施、茶叶交易市场、乡镇农产品交易市场、订单农业基地、湘赣边区山货交易市场、福龙王农产品集散中心等一批工程项目，着力打通农村物流"最后一公里"。

（3）汝城县提出，"十四五"期间围绕"省级区域商贸物流中心"建构，重点推进湘粤赣边际商贸物流中心、汝城县城南农贸市场及乡镇农贸市场提质改造、农产品冷链物流等重点项目建设、构建湘粤赣三省边际商贸物流中心。

（4）安仁县提出，"十四五"期间以建设商贸物流中心县为目标，抢抓湖南自贸区郴州片区建设、"郴州生产服务型国家枢纽承载城市"机遇，整合邮政、郴汽集团、快递、货运等资源，构建县乡村三级物流体系，加快乡村二级消费和流通中心建设，破解农产品供应链"最初一公里"及"最后一公里"瓶颈。

（三）提升引智聚才服务水平

1. 大力培养高级专门人才

加强教育机构及专门人才培养基地建设，围绕园区产业发展与新型城镇化建设对高级专门人才的需求，有针对性地帮助产业企业和中南大学、湖南大学、湘南学院等院校建立长期合作关系；通过政策引导，推进校企合作，开展学历教育、技能培训、岗位培训，为园区企业与新型城镇化建设搭建高级研发与管理人才培养平台，大力培养有利于传统产业创新及转型、战略性新兴产业培育的工程技术人才和高技能人才。着力引育一批优势产业、医疗卫生、文化教育等急需紧缺人才。面向企业治理结构优化和商业模式创新需求，培养造就一批具有市场开拓能力、管理创新能力和社会责任感的优秀企业家。大力实施"迎老乡、回故乡、建家乡"专项引才活动，吸引更多返乡创业人才。

2. 建立健全人才引进柔性机制

一方面，本着"不求所有、但求所用"原则，采取智力借入、业余兼职、人才派遣等多种柔性方式，引进乡村振兴、园区发展与新型城镇社区亟须的专业技术人才及管理人才；与国内知名高校、省内高等院校和科研院所建立战略联盟，搭建产学研发展平台，吸引高技术人才并在个人所得税、购房、社会保险、户籍管理、子女入学等方面给予相应的优惠政策。如：桂东县与湘南学院建立战略合作框架，助推桂东乡村振兴。湘南学院每两年派出一定数量的青年博士、管理骨干到桂东县相应部门任职锻炼，湘南学院组织专家、教授团队到桂东县进行农业产业化研究，助力桂东县打造特色农产品和产业发展基地，这就是一项很好的校地人才交流共享合作机制。

3. 培引乡村振兴管理和实用人才

实施农村科研人员培育工程和农技推广骨干培养计划，健全城乡专业人才交流挂职制度，实施科技特派员、科技专家服务团、三区人才、农技推广员特聘计划等。开展农村电子商务培训计划。选派一批优秀干部到乡村振兴一线岗位，把乡村振兴作为培养锻炼干部的广阔舞台。培育建设本土人才，有计划地选派一定数量的管理干部外出学习深造，并定期举办专题讲座与论坛等活动，帮助指导开展各种形式的管理层培训、各类专业技术培训，培养和造就数量充足、结构合理、层次多样的新型应用型技术人才队伍。

4. 尊重人才，留住高端技术人才

不仅要高度重视人才引进，而且要极力稳住人才、留住人才。如果只重引进，不重稳留，则将造成人才外流。一方面，尊重人才，要将引进的人才智力、人才品牌当作一种无形资产，并把引进人才所拥有的高新技术成果（如专利、技术等）以股权形式参与投资，尤其对引进的博士或高层次人才、管理人才，每年应提高其特殊津贴、生活补贴；另一方面，树立"人尽其责、才尽其用"理念，科学安排、合理使用已经引进的人才，加大人才发展资金投入力度，提高资金使用效率。加强人才开发平台建设，建立引才引智绿色通道。创新人才培养模式，开展系列人才培养工程，实施人才奖励制度。完善人才服务体系，探索"人才公寓"建设。积极探索到村任职大学生留用机制。

（四）完善城镇住房制度

一要适时制定和完善县域住宅建设规划，建立包括商品房、经济适用房、廉租住房在内的多层次住房供应体系，合理划定各类住房的比例。二要净化房地产市场环境，按照国家相关法律法规及政策要求，制定操作性强的房地产市场管理办法，加大对违法违规行为的查处力度，健全监管制度。三要加快住房保障措施，加强廉租住房制度建设，解决好城市低收入家庭住房困难的问题，合理确定廉租住房保障对象和保障标准。

突出住房的民生属性，加快构建以保障性租赁住房和共有产权住房为主体的住房保障体系。保障性租赁住房应以解决符合条件的新市民、青年人等群体的住房问题为主，以小户型为主。建立健全住房租赁管理服务平台，加强过程监督。

（五）创新投融资制度

加大财政支持，引导多元化资本投入，建立"以市场主导、政府引导、民间参与"的投融资机制，广泛吸纳产业企业、民间资本多方投入以适应乡村振兴与县域城镇化协同发展的资金需求。一是建立政府专项财政资金，用于工业园区、新型城镇和特色农业建设的科技、产学研、技术升级改造、信息产业发展等的投入。同时通过银行贷款、项目融资等方式鼓励支持企业和民间获得资金支持。充分发挥土地、金融等优势，实现土地融资、证券化融资，以多方参与形式实现资本注入。二是加大财政对土地经营权流转与规模经营的支持。积极争取上级财政对现代农业生产发展专项资金的支持，用于土地经营权、林权流转以及对规模经营单位和个人的支持。县级层面也要适当安排好农村土地经营权流转专项补助资金。三是加大对农业规模经营主体的金融支持力度。要积极为资信好、实力强的种养大户、家庭农场、农民合作社、农业龙头企业等提供金融服务。要鼓励现有的融资性担保公司或成立政策性农业担保公司对农村土地承包经营权、林权和村民宅基地使用权抵押贷款和农业规模经营主体开展贷款担保和再担保业务。鼓励开展以土地承包经营权流转的规模经营主体为服务对象的涉农担保业务。探索建立保险公司与农村金融机构政策互补、风险共担的互动机制，解决农业规模经营主体"贷款难"的问题。

第四节　做好巩固脱贫攻坚成果与乡村振兴有效衔接

一、着力保障脱贫户生计可持续性

罗霄山郴州片区四县作为全面脱贫摘帽县，仍然有一些农户可能再次出现返贫致贫。因此，做好农户可持续生计发展就显得相当重要。一是要加强农民经济合作组织建设，提升农户嫁接市场能力。要培育扶持各类农民专业合作社，做精"企业+农民专业合作组织+农户""农民专业合作组织"等模式，提高农民生产组织能力、管理能力、营销能力和抗风险能力。积极拓展产业农户覆盖率。对于分散进行生产经营的农户，按照"公司+基地+农户"的产业化发展模式，通过龙头企业的产业化经营实现农产品产供销一条龙、贸工农一体化经营，引领农户的生产进入市场，促进农民增收。要建立合理的产业发展利益联结机制，龙头企业与脱贫户签订订单合同，制定农产品最低收购保护价。瞄准脱贫后可能返贫的农户，完善产业建设项目到户扶持机制。探索各类经济组织带动脱贫户的合作机制。在土地流转中要尊重农户的意愿，保证农户的基本权益。产业基地要组织有针对性的技能培训，招收员工时要优先吸纳脱贫户。鼓励农户参加农业保险，建立风险保障机制。二是要进一步明确帮扶政策。要积极引导社会团体、民间组织、工商企业投身乡村事业，动员更多社会力量进入乡村振兴领域，形成全社会关心、支持乡村振兴工作的良好格局。要进一步拓展帮扶内容，改进帮扶方式，改善帮扶效果，引导社会力量在给钱给物的同时，结合脱贫村的实际，帮助完善发展思路，制定发展规划，真正找准增收致富的路子。县级党政机关、企事业单位要定点联系脱贫村，提供资金、技术、信息、市场服务。要发挥民主党派、工商联、群众团体、城镇居民等社会各界的重要作用，做好捐款捐物、解难济困的组织动员工作。要建立健全企业参与乡村振兴的激励机制，开展"村企共建"活动，促进脱贫村经济的快速发展。创立社会帮扶自助公益金，帮助因灾、因病、因学、残障、孤寡的生活困难户，真正解决农户的急难问题。三是，继续坚持外出务工和就地就近就业两大方向，依托劳务协作机智，持续推进有意愿的乡村地区劳动者外出就业；加强返乡创业载体建设，高质量建设农民工返乡创业园，吸引农民工等自主创业。规范管理公益性岗位，促进弱劳力、半劳力就地就近解决就业。推广以工代赈方式，带动脱贫人口、农村低收入人口就地就近就业。努力实现乡村有技能提升意愿的劳动力职业技能培训全覆盖。

二、全方位建设湘赣边区域合作示范区

贯彻落实国家《湘赣边区域合作示范区建设总体方案》部署，建立区域合作机制，共同传承弘扬红色文化，共同促进现代农业产业协同发展，

共同推进城乡融合发展，共建绿色生态发展机制，共同提高公共服务水平，加快推进湘赣边区域合作示范区建设。做好巩固拓展脱贫攻坚成果同乡村振兴有效衔接工作，以脱贫村、易地扶贫搬迁安置区为重点，打造一批乡村振兴示范村、示范点，建设湘赣边美丽乡村走廊。以宜章、汝城、桂东和安仁为湘赣边区域合作乡村振兴示范区建设的"核心区"，全面推进湘赣边区域合作乡村振兴示范区建设。

抢抓湘赣边区域合作示范区财税、投资、园区、用地、金融、对口帮扶等政策，加强与示范区内城市的沟通协作，推动在交通互联、文化旅游、产业发展、园区合作等方面联动发展。加快实施湘赣边应急救治及传染病防治、职业中专、农村安全饮水巩固提升、城乡环境基础设施等区域合作项目，实现医疗、教育和农村基础设施的全面提升。着力打造汝城县沙州村、宜章湘南暴动纪念馆、桂东县第一军规等红色教育基地，将四县红色资源整合联动形成郴州市域内以及井冈山干部学院等现场教学和社会实践基地。加强湘赣边交通通道对接，畅通旅游环线和景区通达网络。加快推进临连高速宜章段、茶常高速及安仁支线建设，启动县域内农村公路提升改造，城乡客运一体化建设，加强湘粤赣边红色旅游文化产业合作。加快示范区优势特色现代农业园区建设，区域合作农业公用品牌打造，一县一特建设。

第八章 结论与展望

本书在对罗霄山郴州片区四县：宜章、汝城、桂东和安仁的城镇化发展现状及存在的问题进行深入剖析的基础上，结合对国内外城镇化及小城镇建设的比较分析和经验总结，分析了罗霄山郴州片区四县推进县域城镇化的基础条件、县域城镇化发展的影响因素，并对该地区县域发展类型及城镇化演进特征和城镇化水平发展趋势进行了定量分析和预测。通过本书的研究，力求为探索脱贫地区走出一条符合自身特色的乡村振兴和县域城镇化推进的路径做出一些有益的尝试。

第一节 研究结论

本书通过总结国内外研究相关成果，浏览相关网站查询资料，通过实地调研、案例分析等方法对罗霄山郴州片区县域城镇化建设进行了相关研究。研究结论认为，乡村振兴背景下县域城镇化路径的选择既要充分吸收国内外城镇化尤其是小城镇建设的优秀成果，又要富有自身特色。应充分考虑到脱贫地区特有的自然生态状况、经济发展基础、产业结构变动、制度创新等各种因素，优化富有自身特色的县域城镇化发展路径。具体来说，本书研究有以下几个主要结论：

第一，城镇化发展水平总体上升，但与区域县市相比，城镇化率和产业发展层次较低。

近年来，罗霄山郴州片区宜章、汝城、安仁和桂东四县城镇化率发展整体呈上升趋势，但县域城镇化率相对于湖南省及郴州市来说总体较低；与郴州市其他县市区比较，除了宜章在中等方阵以外，其他三县处于全市末三位。近年来，四县城镇村产业支撑逐步完善，但产业支撑层次仍然较低。宜章县作为产业协调低水平推动的均衡发展型城镇化，产业发展仍然有待于进一步优化升级。应着力于郴州市次中心城市发展的定位，进一步发挥优势产业的带动作用，力促县域发展转型，实现县域城镇化水平的高质量推进。由于汝城、安仁和桂东三县存在经济总量偏小、城乡居民收入偏低、重大项目偏少、基础设施偏差、特色产业偏弱等发展现状，制约了县域城镇化水平的快速上升，三县旅游业有很大一部分是农旅、文旅形式和养生民宿，这些都需要保存原有乡村生态、生产生活方式，农村居民的就业也因此偏向于乡村，从而对那种类似于大城市化的大量农村人口的转移效应不大。同时，汝城的商贸服务业近年来发展亮点不断，这在一定程度上对汝城县近几年来城镇化率的上升起到了积极的推动作用。

第二，通过对县域城镇化发展现状及基础条件的分析，可知罗霄山郴州片区发展县域城镇化的特色明显，机遇与挑战并存。

罗霄山郴州片区宜章、汝城、桂东和安仁四县自然生态优势明显、历史文化传承厚重；新型城镇村发展布局已然形成，但县域城镇依然存在规模过小、城镇集聚效应不足的问题；广大县域相对于发达地区，在地理空间畅通、交通便利程度方面仍然有差距；同时，农村居民点规模较小、人口分布较为分散、劳动力外流严重、可建设用地少，这就决定了四县难以像发达地区快速通过"乡村工业化"带动"农村城镇化"，从而实现新型城镇化水平的大幅上升。另外，四县受用地及基础设施建设条件制约，加之生态环境具有高敏感性，使之对外来投资的吸引力非常有限，因此也难以通过外来资本大规模地推动其城镇化的进程。

近年来，罗霄山郴州片区四县推进县域城镇化发展的配套保障措施陆续推出，但在农村土地制度、户籍制度、就业制度、社会保障制度、城乡教育制度、投融资以及生态保护方面依然有很大的拓展空间。另外，罗霄山郴州片区县域城镇化建设当前还存在以下一些问题：城镇化率与工业化率不平衡；公共配套服务设施建设滞后；生态保护任务繁重；投融资问题亟待解决。

第三，本书运用定性与定量相结合的方法，分析了罗霄山郴州片区四县县域发展类型及城镇化演进特征、影响城镇化发展的主要因素变化特征、县域城镇化发展的影响因素和城镇化水平发展趋势。

（1）县域发展类型的分析结果：2010 年以来，宜章县域发展类型都为第一、第二、第三产业均衡发展型的县域城镇化；2010年以来，汝城县域发展类型都为农业主导型县域城镇化；2010年以来，桂东县域发展类型都为商旅服务主导型县域城镇化；2010年以来，安仁县域发展类型都为农业主导型县域城镇化。

（2）在选定的罗霄山四县城镇化率变动影响的7个因素中，城镇居民人均纯收入的作用表现显著，这表明城镇居民人均纯收入的持续稳定提高有利于繁荣城镇消费市场，带动城镇服务业发展，促进要素汇聚，从而推动新型城镇化的发展。通过比较第一、第二、第三产业占比对新型城镇化的影响来看，第三产业占比占据重要地位，在四县三次产业近年来不断优化的态势下，各县第一、第二产业占比对城镇化的影响各有不同，其中，宜章、汝城和桂东三县的第二产业明显落后，而安仁县近年来第二产业占比的影响作用不断显现。四县人均GDP对城镇化的影响总体上处于各因子的中位水平，但各年度的关联系数普遍不高，因此，四县的经济发展水平和质量应在现有良好发展基础上继续努力奋进。而固定资产投资对城镇化率的影响基本排在末尾，这说明，在当前四县城镇化发展进程中，城市基础设施建设还应当进一步发展提高，以适应农业现代化、新型工业化、信息化、新型城镇化协同发展的要求。

（3）对郴州市以及四县县域城镇化发展水平的"十四五"阶段预测发现：四县城镇化率继续保持上升势头，但与市域水平相比，仍然处于落后态势。从郴州市及片区各县至2025年的具体测算数据来看：郴州市为68.46%，宜章县为60.19%，汝城县为62.67%，桂东县为55.82%，安仁县为56.92%。可以看出，郴州市在保持目前的追赶省域第一方阵的良好态势下，桂东和汝城两县的城镇化率相比宜章和安仁两县，有增速超越的趋势。四县城镇化率与郴州市域水平的差距也说明进一步提升的空间相对较大。四县如何发挥各自比较优势，最大限度激发城镇化发展潜能，尽快填补县域城镇化发展的上升空间，将是一个需要认真思考的问题。

第四，当前阶段四县县域农村不能走单一的新型城镇化道路，而应因地制宜，通过新型工业、现代农业、现代服务业"三业并进"，促进城镇镇区、工业园区、特色农业区"三区共建"，实现人口及产业在城镇空间的集聚，还要围绕人的需求，强化产业支撑、生态环境保护、完善公共配套服务的建设以及制度保障，切实推进"宜居""宜业"的城镇建设。实现县域经济大发展，走一条"特色农业+新型工业+商旅服务业+人口转移"

的多样化新型城镇化道路。

罗霄山郴州片区县域城镇化发展的路径应着力从以下几个方面开展工作：

（1）以三区共建带动城乡融合发展

优化城镇镇区体系，为产业和要素集聚奠定良好基础；依托工业园区建设，为新型城镇和特色农业发展提供依托；发展特色农业区，为城乡大互动提供突破口和切入点。

（2）以三业并进强化城镇产业支撑

推进罗霄山片区县域城镇化建设，需要强化产业支撑。要遵循四化同步、特色促进、产业融合的发展策略，新型工业、现代农业、现代服务业"三业并进"，促进镇村产业兴旺、城乡居民收入持续增加，为农村人口向镇村聚集转移创造发展条件。为此，需要根据各县资源禀赋、资本、技术、劳动力等要素结构的不同，发挥各自的比较优势，打造县域发展主导产业，实现现代农业、新型工业和现代服务业的全新布局；同时，要利用各县区位优势，积极承接发达地区产业转移，实现县域优势互补，力促县域产业结构转型升级，切实转变县域经济发展方式，为县域协调可持续发展注入强大内生动力。

（3）以制度创新打造县域城镇化保障机制

罗霄山郴州片区四县新型城镇化推进过程中应围绕"以人为核心"这一主题，让农村转移进城人口进得来、可就业、能住下，深度融入城镇化的发展进步，分享县域经济发展的成果和红利。要实现这一目标，应从乡村和城镇、农民和市民这两个视角推动户籍、土地、服务保障、投融资等制度创新，为新型工农城乡关系构建、县域城镇化发展提供制度支持保障。

（4）做好巩固脱贫攻坚成果与乡村振兴有效衔接

罗霄山郴州片区四县作为全面脱贫摘帽县，仍然有一些农户可能再次出现返贫致贫。因此，做好农户可持续生计发展就显得相当重要。同时，做好巩固拓展脱贫攻坚成果同乡村振兴有效衔接工作，抢抓湘赣边区域合作示范区财税、投资、园区、用地、金融、对口帮扶等政策，加强与示范区内城市的沟通协作，推动在交通互联、文化旅游、产业发展、园区合作等方面联动发展。以脱贫村、易地扶贫搬迁安置区为重点，打造一批乡村振兴示范村、示范点，建设湘赣边美丽乡村走廊。以宜章、汝城、桂东和安仁为湘赣边区域合作乡村振兴示范区建设的"核心区"，全面推进湘赣边区域合作乡村振兴示范区建设。

第二节　研究的创新之处

本书的创新之处有：

（1）在实地调查研究、收集大量资料和数据的基础上，系统地研究和分析了罗霄山郴州片区县域城镇化发展和产业结构变动状况以及二者之间的相互影响关系。

（2）运用定性与定量相结合的方法，对罗霄山郴州片区四县县域发展类型、城镇化发展的影响因素以及县域城镇化的发展趋势进行了分析和预测，这是一种对该地区城镇化发展研究在方法论上的一种较好的尝试。

（3）提出了根据四县自身自然生态资源优势、产业基础、经济发展水平等走一条符合自身特色的"特色农业+新型工业+商旅服务业+人口转移"的多样化新型城镇化道路。并从三区共建、三业并进、制度创新、巩固脱贫攻坚成果与推进乡村振兴有效衔接等几个方面推进县域城镇化的建设。

第三节　研究展望

本选题研究是一个复杂的系统工程，它不仅涉及对县域城镇化发展的理论和实践了解，还涉及四县城镇化发展有关的技术层面和制度层面的了解。由于主观和客观的原因，以及个人研究能力和知识储备的局限，研究中还存在诸多不足，主要问题如下：

（1）县域城镇化发展的影响因素的分析涉及自然生态、人力资源、金融资本、经济发展、产业结构等诸多领域，如何从复杂的影响因素中抓取最关键的影响因素，是有一定难度的。另外，鉴于资料和数据获取的可及性限制，本书在进行灰色模型定量分析时选取的因素及分析所得的结果可能难以达到充分的说服性。此外，在进行定量分析时，还应采用回归等其他计量经济模型进行综合对比分析，以使结果更贴近实际。但本书由于间接数据的获取受限没有开展，希望在后续研究中，通过研究方案的优化设计，加强实地调研并结合间接统计数据开展研究。

（2）本书的研究只是一个探索性的工作，只是取得了粗浅的初步成果，在研究与实践上有许多问题需要进一步深化，如县域城镇化的生态化发展问题，尚需进一步加强；四县乡村振兴与城镇化系统发展的定量化分析问题等，这些都需要在后续研究中，通过研究思路和方法的进一步优化设计，予以加强和深入。

参考文献

埃比尼泽·霍华德，2000. 明日的田园城市 [M]. 金经元，译. 北京：商务印书馆.

班娟娟，金辉，2019-08-21（2）. 城乡融合发展是乡村振兴的治本之策 [N]. 经济参考报.

曹文献，2015. 农业现代化与城镇化推进的国际经验及启示 [J]. 经济研究导刊，273（19）：22-23.

陈国生，丁翠翠，郭庆然，2018. 基于熵值赋权法的新型工业化、新型城镇化与乡村振兴水平关系实证研究 [J]. 湖南社会科学（6）：114-124.

陈俊梁，林影，史欢欢，2020. 长三角地区乡村振兴发展水平综合评价研究 [J]. 华东经济管理（3）：16-22.

陈明星，2018. 积极探索城乡融合发展长效机制 [J]. 区域经济评论（3）：119-121.

陈诗波，李伟，唐文豪，2014. 中国新型城镇化发展的路径选择与对策探讨 [J]. 理论月刊（4）：174-178.

陈秧分，黄修杰，王丽娟，2018. 多功能理论视角下的中国乡村振兴与评估 [J]. 中国农业资源与区划，39（6）：201-209.

程明，钱力，倪修凤，等，2020. 深度贫困地区乡村振兴效度评价与影响因素研究：以安徽省金寨县样本数据为例 [J]. 华东经济管理，34（4）：16-26.

戴学勇，2021. 安徽乡村振兴与新型城镇化发展关系研究 [D]. 蚌埠：安徽财经大学.

丁刚，2008. 城镇化水平预测方法新探：以神经网络模型的应用为例 [J]. 哈尔滨工业大学学报（社会科学版）（3）：128-133.

邓聚龙，1992. 灰色预测与决策 ［M］. 武汉：华中理工大学出版社.

冯奎，2015-08-20（4）. 县域城镇化是新型城镇化的底座 ［N］. 中国县域经济报.

费孝通，1984. 小城镇大问题 ［J］. 瞭望（3）：4-5.

郭豪杰，唐世乔，孙德亮，2019. 云南省乡村振兴评价指标体系的构建 ［J］. 安徽农业科学，47（13）：244-246.

郭红星，2019. 乡村振兴背景下黑龙江省新型城镇化建设路径研究 ［D］. 哈尔滨：黑龙江省社会科学院.

郭翔宇，胡月，2020. 乡村振兴水平指标体系构建 ［J］. 农业经济与管理（5）：5-15.

韩俊，2017. 农业供给侧结构性改革是乡村振兴战略的重要内容 ［J］. 中国经济报告（12）：15-17.

韩云，陈迪宇，王政，等，2019. 改革开放 40 年城镇化的历程、经验与展望 ［J］. 宏观经济管理（2）：29-34.

何刚，杨静雯，鲍珂宇，等，2020. 新型城镇化对区域生态环境质量的空间相关性及效应分析 ［J］. 安全与环境学报（5）：347-355.

河南省人民政府发展研究中心“乡村振兴战略研究”课题组，2018. 河南省乡村振兴指标体系研究 ［J］. 农村·农业·农民（B 版）（4）：24-35.

何平均，2012. 日本工业化、城市化与农业现代化的互动发展与启示 ［J］. 农业经济（6）：9-11.

贺文丽，孙鹏，2019. 海南省乡村振兴战略评价指标研 ［J］. 农业经济与科技，30（23）：218-220.

侯为民，李林鹏，2015. 新常态下我国城镇化的发展动力与路径选择 ［J］. 经济纵横（4）：11-16.

黄琼芬，等，2021-11-30（7）. 特色农业，激活乡村振兴引擎 ［N］. 福建日报.

黄亚平，2010. 湖北省城镇化发展的若干关键问题 ［J］. 咨询与决策（8）：15-16.

黄祖辉，马彦丽，2020. 再论以城市化带动乡村振兴 ［J］. 农业经济问题（9）：9-15.

胡银根，廖成泉，刘彦随，2014. 新型城镇化背景下农村就地城镇化的实践与思考：基于湖北省襄阳市 4 个典型村的调查 ［J］. 华中农业大学学报（社会科学版）（6）：98-103.

霍军亮，吴春梅，2018. 乡村振兴战略背景下农村基层党组织建设的困境与出路 ［J］. 华中农业大学学报（社会科学版）（3）：1-8，152.

蒋时节，周俐，景政基，2009. 分类基础设施投资与城市化进程的相关性分析及实证 ［J］. 城市发展研究，16（9）：61-64.

康永征，薛珂凝，2018. 从乡村振兴战略看农村现代化与新型城镇化的关系 ［J］. 山东农业大学学报（社会科学版），20（1）：9-12.

梁建武，2014. 农业现代化与城镇化协调发展 ［M］. 上海：上海人民出版社.

梁洁，2020. 广西城镇化水平影响因素的实证研究：基于灰色关联分析模型 ［J］. 经济与社会发展（3）：52-58.

廖彩荣，陈美球，2017. 乡村振兴战略的理论逻辑、科学内涵与实现路径 ［J］. 农林经济管理学报，16（6）：795-802.

李长学，2018. 论乡村振兴战略的本质内涵、逻辑成因与推行路径 ［J］. 内蒙古社会科学（汉文版），39（5）：13-18.

李剑波，涂建军，2018. 成渝城市群新型城镇化发展协调度时序特征 ［J］. 现代城市研究（9）：47-55.

李建峰，王然，2019. 乡村旅游助推乡村振兴评价指标体系研究：以承德市为例 ［J］. 经济研究导刊（16）：23-26.

李民梁，李祥，2021. 广西乡村振兴与新型城镇化动态协调发展关系研究析 ［J］. 新疆农垦经济（2）：1-12.

李坦，徐帆，2020. 长江经济带省域乡村振兴指数动态评价 ［J］. 江苏农业学报（3）：751-759.

李铜山，李璐洋，2019. 河南农业多功能性的评价分析及对策建议究 ［J］. 区域经济评论（4）：97-102.

李政通，姚成胜，邹圆，等，2019. 中国省际新型城镇化发展测度 ［J］. 统计与决策，35（2）：95-100.

李周，2018. 乡村振兴战略的主要含义、实施策略和预期变化 ［J］. 求索（2）：44-50.

刘长庚，吴迪，2021. 习近平关于新型城镇化重要论述的逻辑体系 ［J］. 湘潭大学学报（哲学社会科学版），45（6）：20-25.

龙花楼，刘彦随，邹健，2009. 中国东部沿海地区乡村发展类型及其乡村

性评价 [J]. 地理学报, 64 (4): 427-434.

卢现详, 2007. 朱巧玲新制度经济学 [M]. 北京: 北京大学出版社.

罗必良, 洪炜杰, 2021. 城镇化路径选择: 福利维度的考察 [J]. 农业经济问题 (3): 5-17.

中共中央马克思恩格斯列宁斯大林著作编译局. 马克思恩格斯选集 [M]. 北京: 人民出版社, 1972.

马庆斌, 2011. 就地城镇化值得研究和推广 [J]. 宏观经济管理 (11): 25-26.

马孝先, 2014. 中国城镇化的关键影响因素及其效应分析 [J]. 中国人口·资源与环境, 24 (12): 117-124.

毛锦凰, 2021. 乡村振兴评价指标体系构建方法的改进及其实证研究 [J]. 兰州大学学报 (社会科学版), 49 (3): 47-58.

梅德平, 2004. 中国农村微观经济组织变迁研究: 以湖北省为中心的个案分析 [M]. 北京: 中国社会科学出版社.

苗洁, 吴海峰, 2012. 国内外工业化、城镇化和农业现代化协调发展的经验及当代启示 [J]. 毛泽东邓小平理论研究 (11): 89-97.

彭红碧, 杨峰, 2010. 新型城镇化道路的科学内涵 [J]. 理论探索 (4): 75-78.

钱纳里, 赛尔昆, 1988. 发展的型式: 1950—1970 [M]. 李新华, 徐公理, 迟建平, 译. 北京: 经济科学出版社.

乔文怡, 李玏, 管卫华, 等, 2018. 2016—2050 年中国城镇化水平预测 [J]. 经济地理, 38 (2): 51.

上海市乡村振兴指数研究课题组, 2020. 上海市乡村振兴指数指标体系构建与评价 [J]. 科学发展 (9): 56-63.

申云, 陈慧, 陈晓娟, 等, 2020. 乡村产业振兴评价指标体系构建与实证分析 [J]. 世界农业 (2): 59-69.

舒服华, 2017. 基于 VAR 模型的我国城镇化率与基尼系数预测 [J]. 南阳师范学院学报 (10): 17-22.

孙佳佳, 2019. 河北省邯郸市特色小镇建设研究 [D]. 保定: 河北农业大学.

唐任伍, 2013. 我国城镇化进程的演进轨迹与民生改善 [J]. 改革 (6): 27-33.

唐忠，2018. 改革开放以来我国农村基本经营制度的变迁［J］. 中国人民大学学报（3）：26-35.

王庚，王敏生，2008. 现代数学建模方法［M］. 北京：科学出版社.

王冠军，2020. 生态文明视角下新型城镇化建设的路径研究［J］. 生态经济，36（3）：214-217.

王金华，谢琼，2021. 新型城镇化与乡村振兴协同发展的路径选择与地方经验［J］. 中国农村经济（12）：131-137.

王骏，刘畅，2018. 我国农村基本经营制度的历史进程与基本启示［J］. 农村经济（3）：25-30.

王立胜，陈健，张彩云，2018. 深刻把握乡村振兴战略：政治经济学视角的解读［J］. 经济与管理评论，34（4）：40-56.

吴江，王斌，申丽娟，2009. 中国新型城镇化进程中的地方政府行为研究［J］. 中国行政管理（3）：88-91.

肖杰夫，2021. "五抓"建设美丽山塘［J］. 湖南农业（8）：32.

熊小林，2018. 聚焦乡村振兴战略 探究农业农村现代化方略："乡村振兴战略研讨会"会议综述［J］. 中国农村经济（1）：138-143.

徐维祥，李露，周建平，等，2020. 乡村振兴与新型城镇化耦合协调的动态演进及其驱动机制［J］. 自然资源学报，35（9）：2044-2062.

徐永辉，匡建超，2019. 中国省域新型城镇化差异及其内部系统的协调发展研究［J］. 中国发展（3）：48-57.

亚当·斯密，2002. 国民财富的性质及其原因的研究［M］. 北京：商务印书馆.

闫周府，吴方卫，2019. 从二元分割走向融合发展：乡村振兴评价指标体系研究［J］. 经济学家（6）：90-103.

杨飞虎，王晓艺，2020. 我国新型城镇化包容性发展的制度创新与模式选择研究［J］. 江西社会科学，40（2）：223-229.

杨丽莹，2019. 我国新型城镇化的主成分影响因子及其 VAR 传导效应研究［J］. 河北经贸大学学报，40（2）：73-80.

杨香军，2020. 新发展理念下贫困地区推进绿色发展研究：以湖南省桂东县为例［J］. 学理论（10）：21-22.

杨仪青，2015. 我国新型城镇化建设中面临的问题及路径创新［J］. 经济纵横（4）：17-21.

姚树荣，周诗雨，2020. 乡村振兴的共建共治共享路径研究［J］. 中国农村经济（2）：14-16.

唐任伍，叶天希，梦娜，2021. 乡村振兴战略实施中元治理的优势、作用、路径和支撑［J］. 中国流通经济，35（9）：3-10.

叶兴庆，2018. 新时代中国乡村振兴战略论纲［J］. 改革（1）：65-73.

伊金秀，2017. 江苏省新型城镇化发展水平评价及其空间特征分析［J］. 中国农业资源与区划，38（8）：77-84.

曾福生，李明贤，2001. 技术进步与农业增长方式的转变［M］. 长沙：国防科技大学出版社.

张丽琴，陈烈，2013. 新型城镇化影响因素的实证研究：以河北省为例［J］. 中央财经大学学报（12）：84-91.

张立伟，2016. 促进我国新型城镇化可持续发展的对策研究［J］. 甘肃理论学刊（3）：112-117.

张明斗，毛培榕，2018. 新型城镇化的内生机制建设及路径优化研究［J］. 当代经济管理，40（6）：69-73.

张培刚，1999. 新发展经济学［M］. 郑州：河南人民出版社.

张荣天，2018. 转型时期我国县域城镇化演变机理与模式路径研究［M］. 北京：中国社会科学出版社.

张雪，周密，黄利，2020. 乡村振兴战略实施现状的评价及路径优化：基于辽宁省调研数据［J］. 农业经济研究（2）：97-106.

张宇，孟捷，2002. 卢狄高级政治经济学：马克思主义经济学的新发展［M］. 北京：经济科学出版社.

张玉双，袁国华，2020. 湘赣边区乡村振兴示范区共建路径研究［J］. 科技和产业，20（7）：83-88，113.

张占仓，2010. 河南省新型城镇化战略研究［J］. 经济地理，30（9）：1462-1467.

詹国辉，2019. 乡村振兴战略下乡村治理质量评价体系构建研究：基于理路、原则与指标体系的三维分析［J］. 广西社会科学（12）：59-65.

浙江省统计局课题组，2019. 浙江乡村振兴评价指标体系研究［J］. 统计科学与实践（1）：8-11.

赵金华，曹广忠，王志宝，2009. 我国省（区）人口城镇化水平与速度的类型特征及影响因素［J］. 城市发展研究，16（9）：54-60.

赵磊，方成，2019. 中国省际新型城镇化发展水平地区差异及驱动机制 [J]. 数量经济技术经济研究，36（5）：44-64.

赵朋，胡宜挺，2020. 新型城镇化对乡村经济发展的影响研究：以新疆为 例 [J]. 农业现代化研究，41（3）：385-395.

赵彦普，2015. 贫困山区新型城镇化模式、产业支撑体系及评价 [D]. 武 汉：武汉大学.

郑长德，2018.2020 年后民族地区贫困治理的思路与路径研究 [J]. 民族 学刊，9（6）：1-10，95-97.

郑兴明，2019. 基于分类推进的乡村振兴潜力评价指标体系研究：来自福 建省 3 县市 6 个村庄的调查数据 [J]. 社会科学（6）：36-47.

钟钰，2018. 实施乡村振兴战略的科学内涵与实现路径 [J]. 新疆师范大 学学报（哲学社会科学版），39（5）：71-76，2.

周冲，吴玲，2013. 安徽省城镇化发展影响因素分析 [J]. 统计与决策 （23）：91-93.

周剑云，鲍梓婷，戚冬瑾，2018. "新型城镇化" 的话语分析 [J]. 城市规 划（6）：86-94.

周立，2018. 乡村振兴战略与中国的百年乡村振兴实践 [J]. 人民论坛· 学术前沿（3）：6-13.

CALI M, MENON C, 2013. Does urbanization affect rural poverty? Evidence from Indian districts [J]. Social Science Electronic Publishin, 27 (14): 171-201.

CLOKE P, 1978. Changing patterns of urbanization in rural areas of England and Wales, 1961—1971 [J]. Regional Studies, 12 (5): 603-617.

FEI C H, RANIS G A, 1961. Theory of economic development [J]. American Economic Review: 45-99.

JOHN W, 2002. Soil health as an indicator of sustainable management [J]. Agriculture, Ecosystems & Environment (2): 61-63.

KISS E, 2000. Rural restructuring in Hungary in the period of socio-economic transition [J]. Geo-Journal, 51 (3): 221-233.

LEWIS A W, 1954. Economic development with unlimited supplies of labour [J]. The Manchester School of Economic and Social Studies: 34-68.

MARTHA G ROBERTS, 杨国安，2003. 可持续发展研究方法国际进展：脆弱性分析方法与可持续生计方法比较 [J]. 地理科学进展 (1)：11-21.

MENCONI M, 2006. Evaluation model of local resources for sustainable development of rural areas [J]. Rivista Ingegneria Agraria (37)：59-64.

M NORTHAM, 1975. Urban geography [M]. New York：John Wiley Sons Press：5-67.

MOUREAUX C, CESCHIA E, ARRIGA N, et al., 2012. Eddy covariance measurements over Crops [M] // Eddy Covariance.

PHAZELL, JANDERSON, NBALZER, 1973. A Bastrop clemencies and rissole potential for scale and sustainability in index insurance for agriculture and rural livelihoods [J]. International Fund for Agricultural Development and World Food Programmer：42-44.

SCHULTZ T W, 2010. Transforming traditional agriculture [M]. Beijing：Commercial Press：4-12.

STAUBER K, 2001. "Why invest in rural America-And how? A critical public policy question for the 21st century" [J]. Economic Review, 86 (2)：33-63.

UASILY, EROKHIN, WIM, et al, 2014. Sustainable rural development in russia through diversification：The case of the stavropol region [J]. De Gruyter (15)：20-25.

VLAHOV D, GALEA S, 2002. Urbanization, urbanicity, and health [J]. Journal of Urban Health, 79 (1)：1-12.

附录　中共中央办公厅 国务院办公厅 印发《关于推进以县城为重要 载体的城镇化建设的意见》

新华社北京 5 月 6 日电 近日，中共中央办公厅、国务院办公厅印发了《关于推进以县城为重要载体的城镇化建设的意见》，并发出通知，要求各地区各部门结合实际认真贯彻落实。

《关于推进以县城为重要载体的城镇化建设的意见》全文如下。

县城是我国城镇体系的重要组成部分，是城乡融合发展的关键支撑，对促进新型城镇化建设、构建新型工农城乡关系具有重要意义。为推进以县城为重要载体的城镇化建设，现提出如下意见。

一、总体要求

（一）指导思想。以习近平新时代中国特色社会主义思想为指导，坚持以人为核心推进新型城镇化，尊重县城发展规律，统筹县城生产、生活、生态、安全需要，因地制宜补齐县城短板弱项，促进县城产业配套设施提质增效、市政公用设施提档升级、公共服务设施提标扩面、环境基础设施提级扩能，增强县城综合承载能力，提升县城发展质量，更好满足农民到县城就业安家需求和县城居民生产生活需要，为实施扩大内需战略、协同推进新型城镇化和乡村振兴提供有力支撑。

（二）工作要求。顺应县城人口流动变化趋势，立足资源环境承载能力、区位条件、产业基础、功能定位，选择一批条件好的县城作为示范地区重点发展，防止人口流失县城盲目建设。充分发挥市场在资源配置中的决定性作用，引导支持各类市场主体参与县城建设；更好发挥政府作用，切实履行制定规划政策、提供公共服务、营造制度环境等方面职责。以县域为基本单元推进城乡融合发展，发挥县城连接城市、服务乡村作用，增强对乡村的辐射带动能力，促进县城基础设施和公共服务向乡村延伸覆盖，强化县城与邻近城市发展的衔接配合。统筹发展和安全，严格落实耕地和永久基本农田、生态保护红线、城镇开发边界，守住历史文化根脉，防止大拆大建、贪大求洋，严格控制撤县建市设区，防控灾害事故风险，防范地方政府债务风险。

（三）发展目标。到 2025 年，以县城为重要载体的城镇化建设取得重要进展，县城短板弱项进一步补齐补强，一批具有良好区位优势和产业基础、资源环境承载能力较强、集聚人口经济条件较好的县城建设取得明显成效，公共资源配置与常住人口规模基本匹配，特色优势产业发展壮大，市政设施基本完备，公共服务全面提升，人居环境有效改善，综合承载能力明显增强，农民到县城就业安家规模不断扩大，县城居民生活品质明显改善。再经过一个时期的努力，在全国范围内基本建成各具特色、富有活力、宜居宜业的现代化县城，与邻近大中城市的发展差距显著缩小，促进城镇体系完善、支撑城乡融合发展作用进一步彰显。

二、科学把握功能定位，分类引导县城发展方向

（四）加快发展大城市周边县城。支持位于城市群和都市圈范围内的县城融入邻近大城市建设发展，主动承接人口、产业、功能特别是一般性制造业、区域性物流基地、专业市场、过度集中的公共服务资源疏解转移，强化快速交通连接，发展成为与邻近大城市通勤便捷、功能互补、产业配套的卫星县城。

（五）积极培育专业功能县城。支持具有资源、交通等优势的县城发挥专业特长，培育发展特色经济和支柱产业，强化产业平台支撑，提高就业吸纳能力，发展成为先进制造、商贸流通、文化旅游等专业功能县城。支持边境县城完善基础设施，强化公共服务和边境贸易等功能，提升人口集聚能力和守边固边能力。

（六）合理发展农产品主产区县城。推动位于农产品主产区内的县城集聚发展农村二三产业，延长农业产业链条，做优做强农产品加工业和农业生产性服务业，更多吸纳县域内农业转移人口，为有效服务"三农"、保障粮食安全提供支撑。

（七）有序发展重点生态功能区县城。推动位于重点生态功能区内的县城逐步有序承接生态地区超载人口转移，完善财政转移支付制度，增强公共服务供给能力，发展适宜产业和清洁能源，为保护修复生态环境、筑牢生态安全屏障提供支撑。

（八）引导人口流失县城转型发展。结合城镇发展变化态势，推动人口流失县城严控城镇建设用地增量、盘活存量，促进人口和公共服务资源适度集中，加强民生保障和救助扶助，有序引导人口向邻近的经济发展优势区域转移，支持有条件的资源枯竭县城培育接续替代产业。

三、培育发展特色优势产业，稳定扩大县城就业岗位

（九）增强县城产业支撑能力。重点发展比较优势明显、带动农业农村能力强、就业容量大的产业，统筹培育本地产业和承接外部产业转移，促进产业转型升级。突出特色、错位发展，因地制宜发展一般性制造业。以"粮头食尾""农头工尾"为抓手，培育农产品加工业集群，发展农资供应、技术集成、仓储物流、农产品营销等农业生产性服务业。根据文化旅游资源禀赋，培育文化体验、休闲度假、特色民宿、养生养老等产业。

（十）提升产业平台功能。依托各类开发区、产业集聚区、农民工返乡创业园等平台，引导县域产业集中集聚发展。支持符合条件的县城建设产业转型升级示范园区。根据需要配置公共配套设施，健全标准厂房、通用基础制造装备、共性技术研发仪器设备、质量基础设施、仓储集散回收设施。鼓励农民工集中的产业园区及企业建设集体宿舍。

（十一）健全商贸流通网络。发展物流中心和专业市场，打造工业品和农产品分拨中转地。根据需要建设铁路专用线，依托交通场站建设物流设施。建设具备运输仓储、集散分拨等功能的物流配送中心，发展物流共同配送，鼓励社会力量布设智能快件箱。改善农贸市场交易棚厅等经营条件，完善冷链物流设施，建设面向城市消费的生鲜食品低温加工处理中心。

（十二）完善消费基础设施。围绕产业转型升级和居民消费升级需求，改善县城消费环境。改造提升百货商场、大型卖场、特色商业街，发展新型消费集聚区。完善消费服务中心、公共交通站点、智能引导系统、安全保障设施，配置电子商务硬件设施及软件系统，建设展示交易公用空间。完善游客服务中心、旅游道路、旅游厕所等配套设施。

（十三）强化职业技能培训。大规模开展面向农民工特别是困难农民工的职业技能培训，提高其技能素质和稳定就业能力。统筹发挥企业、职业学校、技工学校作用，聚焦新职业新工种和紧缺岗位加强职业技能培训，提高与市场需求契合度。推动公共实训基地共建共享，建设职业技能培训线上平台。落实好培训补贴政策，畅通培训补贴直达企业和培训者渠道。

四、完善市政设施体系，夯实县城运行基础支撑

（十四）完善市政交通设施。完善机动车道、非机动车道、人行道，健全配套交通管理设施和交通安全设施。建设以配建停车场为主、路外公共停车场为辅、路内停车为补充的停车系统。优化公共充换电设施建设布局，加快建设充电桩。完善公路客运站服务功能，加强公路客运站土地综合开发利用。建设公共交通场站，优化公交站点布设。

（十五）畅通对外连接通道。提高县城与周边大中城市互联互通水平，扩大干线铁路、高速公路、国省干线公路等覆盖面。推进县城市政道路与干线公路高效衔接，有序开展干线公路过境段、进出城瓶颈路段升级改造。支持有需要的县城开通与周边城市的城际公交，开展客运班线公交化改造。引导有条件的大城市轨道交通适当向周边县城延伸。

（十六）健全防洪排涝设施。坚持防御外洪与治理内涝并重，逐步消除严重易涝积水区段。实施排水管网和泵站建设改造，修复破损和功能失效设施。建设排涝通道，整治河道、湖塘、排洪沟、道路边沟，确保与管网排水能力相匹配。推进雨水源头减排，增强地面渗水能力。完善堤线布置和河流护岸工程，合理建设截洪沟等设施，降低外洪入城风险。

（十七）增强防灾减灾能力。健全灾害监测体系，提高预警预报水平。采取搬迁避让和工程治理等手段，防治泥石流、崩塌、滑坡、地面塌陷等地质灾害。提高建筑抗灾能力，开展重要建筑抗震鉴定及加固改造。推进公共建筑消防设施达标建设，规划布局消防栓、蓄水池、微型消防站等配套设施。合理布局应急避难场所，强化体育场馆等公共建筑应急避难功能。完善供水、供电、通信等城市生命线备用设施，加强应急救灾和抢险救援能力建设。

（十八）加强老化管网改造。全面推进老化燃气管道更新改造，重点改造不符合标准规范、存在安全隐患的燃气管道、燃气场站、居民户内设

施及监测设施。改造水质不能稳定达标水厂及老旧破损供水管网。推进老化供热管道更新改造，提高北方地区县城集中供暖比例。开展电网升级改造，推动必要的路面电网及通信网架空线入地。

（十九）推动老旧小区改造。加快改造建成年代较早、失养失修失管、配套设施不完善、居民改造意愿强烈的住宅小区，改善居民基本居住条件。完善老旧小区及周边水电路气热信等配套设施，加强无障碍设施建设改造。科学布局社区综合服务设施，推进养老托育等基本公共服务便捷供给。结合老旧小区改造，统筹推动老旧厂区、老旧街区、城中村改造。

（二十）推进数字化改造。建设新型基础设施，发展智慧县城。推动第五代移动通信网络规模化部署，建设高速光纤宽带网络。推行县城运行一网统管，促进市政公用设施及建筑等物联网应用、智能化改造，部署智能电表和智能水表等感知终端。推行政务服务一网通办，提供工商、税务、证照证明、行政许可等办事便利。推行公共服务一网通享，促进学校、医院、图书馆等资源数字化。

五、强化公共服务供给，增进县城民生福祉

（二十一）完善医疗卫生体系。推进县级医院（含中医院）提标改造，提高传染病检测诊治和重症监护救治能力，依托县级医院建设县级急救中心。支持县域人口达到一定规模的县完善县级医院，推动达到三级医院设施条件和服务能力。推进县级疾控中心建设，配齐疾病监测预警、实验室检测、现场处置等设备。完善县级妇幼保健机构设施设备。建立省（自治区、直辖市）和地级及以上城市三甲医院对薄弱县级医院的帮扶机制。

（二十二）扩大教育资源供给。推进义务教育学校扩容增位，按照办学标准改善教学和生活设施。鼓励高中阶段学校多样化发展，全面改善县域普通高中办学条件，基本消除普通高中"大班额"现象。鼓励发展职业学校，深入推进产教融合。完善幼儿园布局，大力发展公办幼儿园，引导扶持民办幼儿园提供普惠性服务。落实农民工随迁子女入学和转学政策，保障学龄前儿童和义务教育阶段学生入学。

（二十三）发展养老托育服务。提升公办养老机构服务能力，完善公建民营管理机制，提供基本养老和长期照护服务。扩大普惠养老床位供给，扶持护理型民办养老机构发展，鼓励社会力量建设完善社区居家养老服务网络，提供失能护理、日间照料及助餐助浴助洁助医助行等服务。推

进公共设施适老化改造。发展普惠性托育服务，支持社会力量发展综合托育服务机构和社区托育服务设施，支持有条件的用人单位为职工提供托育服务，支持有条件的幼儿园开设托班招收 2 至 3 岁幼儿。

（二十四）优化文化体育设施。根据需要完善公共图书馆、文化馆、博物馆等场馆功能，发展智慧广电平台和融媒体中心，完善应急广播体系。建设全民健身中心、公共体育场、健身步道、社会足球场地、户外运动公共服务设施，加快推进学校场馆开放共享。有序建设体育公园，打造绿色便捷的居民健身新载体。

（二十五）完善社会福利设施。建设专业化残疾人康复、托养、综合服务设施。完善儿童福利机构及残疾儿童康复救助定点机构，建设未成年人救助保护机构和保护工作站。依托现有社会福利设施建设流浪乞讨人员救助管理设施。建设公益性殡葬设施，改造老旧殡仪馆。

六、加强历史文化和生态保护，提升县城人居环境质量

（二十六）加强历史文化保护传承。传承延续历史文脉，厚植传统文化底蕴。保护历史文化名城名镇和历史文化街区，保留历史肌理、空间尺度、景观环境。加强革命文物、红色遗址、文化遗产保护，活化利用历史建筑和工业遗产。推动非物质文化遗产融入县城建设。鼓励建筑设计传承创新。禁止拆真建假、以假乱真，严禁随意拆除老建筑、大规模迁移砍伐老树，严禁侵占风景名胜区内土地。

（二十七）打造蓝绿生态空间。完善生态绿地系统，依托山水林田湖草等自然基底建设生态绿色廊道，利用周边荒山坡地和污染土地开展国土绿化，建设街心绿地、绿色游憩空间、郊野公园。加强河道、湖泊、滨海地带等湿地生态和水环境修复，合理保持水网密度和水体自然连通。加强黑臭水体治理，对河湖岸线进行生态化改造，恢复和增强水体自净能力。

（二十八）推进生产生活低碳化。推动能源清洁低碳安全高效利用，引导非化石能源消费和分布式能源发展，在有条件的地区推进屋顶分布式光伏发电。坚决遏制"两高"项目盲目发展，深入推进产业园区循环化改造。大力发展绿色建筑，推广装配式建筑、节能门窗、绿色建材、绿色照明，全面推行绿色施工。推动公共交通工具和物流配送、市政环卫等车辆电动化。推广节能低碳节水用品和环保再生产品，减少一次性消费品和包装用材消耗。

（二十九）完善垃圾收集处理体系。因地制宜建设生活垃圾分类处理系统，配备满足分类清运需求、密封性好、压缩式的收运车辆，改造垃圾房和转运站，建设与清运量相适应的垃圾焚烧设施，做好全流程恶臭防治。合理布局危险废弃物收集和集中利用处置设施。健全县域医疗废弃物收集转运处置体系。推进大宗固体废弃物综合利用。

（三十）增强污水收集处理能力。完善老城区及城中村等重点区域污水收集管网，更新修复混错接、漏接、老旧破损管网，推进雨污分流改造。开展污水处理差别化精准提标，对现有污水处理厂进行扩容改造及恶臭治理。在缺水地区和水环境敏感地区推进污水资源化利用。推进污泥无害化资源化处置，逐步压减污泥填埋规模。

七、提高县城辐射带动乡村能力，促进县乡村功能衔接互补

（三十一）推进县城基础设施向乡村延伸。推动市政供水供气供热管网向城郊乡村及规模较大镇延伸，在有条件的地区推进城乡供水一体化。推进县乡村（户）道路连通、城乡客运一体化。以需求为导向逐步推进第五代移动通信网络和千兆光网向乡村延伸。建设以城带乡的污水垃圾收集处理系统。建设联结城乡的冷链物流、电商平台、农贸市场网络，带动农产品进城和工业品入乡。建立城乡统一的基础设施管护运行机制，落实管护责任。

（三十二）推进县城公共服务向乡村覆盖。鼓励县级医院与乡镇卫生院建立紧密型县域医疗卫生共同体，推行派驻、巡诊、轮岗等方式，鼓励发展远程医疗，提升非县级政府驻地特大镇卫生院医疗服务能力。发展城乡教育联合体，深化义务教育教师"县管校聘"管理改革，推进县域内校长教师交流轮岗。健全县乡村衔接的三级养老服务网络，发展乡村普惠型养老服务和互助性养老。

（三十三）推进巩固拓展脱贫攻坚成果同乡村振兴有效衔接。以国家乡村振兴重点帮扶县和易地扶贫搬迁大中型集中安置区为重点，强化政策支持，守住不发生规模性返贫底线。推动国家乡村振兴重点帮扶县增强巩固脱贫成果及内生发展能力。推进大中型集中安置区新型城镇化建设，加强就业和产业扶持，完善产业配套设施、基础设施、公共服务设施，提升社区治理能力。

八、深化体制机制创新，为县城建设提供政策保障

（三十四）健全农业转移人口市民化机制。全面落实取消县城落户限制政策，确保稳定就业生活的外来人口与本地农业转移人口落户一视同仁。确保新落户人口与县城居民享有同等公共服务，保障农民工等非户籍常住人口均等享有教育、医疗、住房保障等基本公共服务。以新生代农民工为重点推动社会保险参保扩面，全面落实企业为农民工缴纳职工养老、医疗、工伤、失业、生育等社会保险费的责任，合理引导灵活就业农民工按规定参加职工基本医疗保险和城镇职工基本养老保险。依法保障进城落户农民的农村土地承包权、宅基地使用权、集体收益分配权，支持其依法自愿有偿转让上述权益。建立健全省以下财政转移支付与农业转移人口市民化挂钩机制，重点支持吸纳农业转移人口落户多的县城。建立健全省以下城镇建设用地增加规模与吸纳农业转移人口落户数量挂钩机制，专项安排与进城落户人口数量相适应的新增建设用地计划指标。

（三十五）建立多元可持续的投融资机制。根据项目属性和收益，合理谋划投融资方案。对公益性项目，加强地方财政资金投入，其中符合条件项目可通过中央预算内投资和地方政府专项债券予以支持。对准公益性项目和经营性项目，提升县域综合金融服务水平，鼓励银行业金融机构特别是开发性政策性金融机构增加中长期贷款投放，支持符合条件的企业发行县城新型城镇化建设专项企业债券。有效防范化解地方政府债务风险，促进县区财政平稳运行。引导社会资金参与县城建设，盘活国有存量优质资产，规范推广政府和社会资本合作模式，稳妥推进基础设施领域不动产投资信托基金试点，鼓励中央企业等参与县城建设，引导有条件的地区整合利用好既有平台公司。完善公用事业定价机制，合理确定价格水平，鼓励结合管网改造降低漏损率和运行成本。

（三十六）建立集约高效的建设用地利用机制。加强存量低效建设用地再开发，合理安排新增建设用地计划指标，保障县城建设正常用地需求。推广节地型、紧凑式高效开发模式，规范建设用地二级市场。鼓励采用长期租赁、先租后让、弹性年期供应等方式供应工业用地，提升现有工业用地容积率和单位用地面积产出率。稳妥开发低丘缓坡地，合理确定开发用途、规模、布局和项目用地准入门槛。按照国家统一部署，稳妥有序推进农村集体经营性建设用地入市。

九、组织实施

（三十七）加强组织领导。坚持和加强党的全面领导，发挥各级党组织作用，建立中央指导、省负总责、市县抓落实的工作机制，为推进以县城为重要载体的城镇化建设提供根本保证。发挥城镇化工作暨城乡融合发展工作部际联席会议制度作用，国家发展改革委要会同各成员单位，强化统筹协调和政策保障，扎实推进示范等工作。各省（自治区、直辖市）要明确具体任务举措，做好组织协调和指导督促。各市县要强化主体责任，切实推动目标任务落地见效。

（三十八）强化规划引领。坚持"一县一策"，以县城为主，兼顾县级市城区和非县级政府驻地特大镇，科学编制和完善建设方案，按照"缺什么补什么"原则，明确建设重点、保障措施、组织实施方式，精准补齐短板弱项，防止盲目重复建设。坚持项目跟着规划走，科学谋划储备建设项目，切实做好项目前期工作。

（三十九）推动试点先行。合理把握县城建设的时序、节奏、步骤。率先在示范地区推动县城补短板强弱项，细化实化建设任务，创新政策支撑机制和项目投资运营模式，增强县城综合承载能力，及早取得实质性进展。在示范工作基础上，及时总结推广典型经验和有效做法，稳步有序推动其他县城建设，形成以县城为重要载体的城镇化建设有效路径。

后记

本书源于本人主持的湖南省自然科学基金项目：湖南省罗霄山片区贫困户脱贫后可持续生计研究（项目编号：2019JJ40276）。本书从选题、框架设计、资料收集、撰写修改到定稿出版欣逢我国进入城乡融合发展体制机制建设的重要时期。2020年，我国脱贫攻坚任务全面完成，进入了全面推进乡村振兴的新时期。乡村振兴与新型城镇化协同推进，并行不悖。多年来，本人一直坚守着对农业、农村、农民的深切情怀，非常感恩这个伟大的时代，给予了本书研究的全新视角、充分素材和写作的思考脉络，本人也更加坚定了继续从事农业、农村、农民问题研究的自信心。

在新形势下，本人将更加注重调查研究，持续关注脱贫地区农业现代化、新型工业化、信息化及县域城镇化等现实研究论题，就乡村振兴、县域经济发展以及贫困户脱贫后的可持续生计发展等问题进行进一步的探究和思考，不言放弃做一个"三农"问题的坚定求索者。

本书的写作过程参阅了大量的文献资料、政府网站、政府经济和社会发展规划、政府工作报告、经济和社会发展统计公报，在这里对本书研究结论的得出提供重要启迪和观点支撑的所有专家、学者、作者以及政府规划部门致以最诚挚的谢意！对你们的辛勤劳动表示崇高的敬意！如果说本人在写作过程中有些许新的领悟和体会的话，那都是与你们的成果指引分不开的。

　　衷心感谢湘南学院对本研究的开展和成果的出版提供的各方面的支持！感谢西南财经大学出版社为本书的出版所给予的大力支持！由衷地感谢家人所给予的大力支持和帮助！

　　由于个人知识、研究和写作能力有限，本书不足之处，敬请批评指正。

曹文献

2022 年 6 月于郴州